AF456059

ESSAI
SUR
L'ARCHITECTURE
THÉATRALE.

OU

De l'ORDONNANCE la plus avantageuse à une Salle de Spectacles, relativement aux principes de l'Optique & de l'Acoustique.

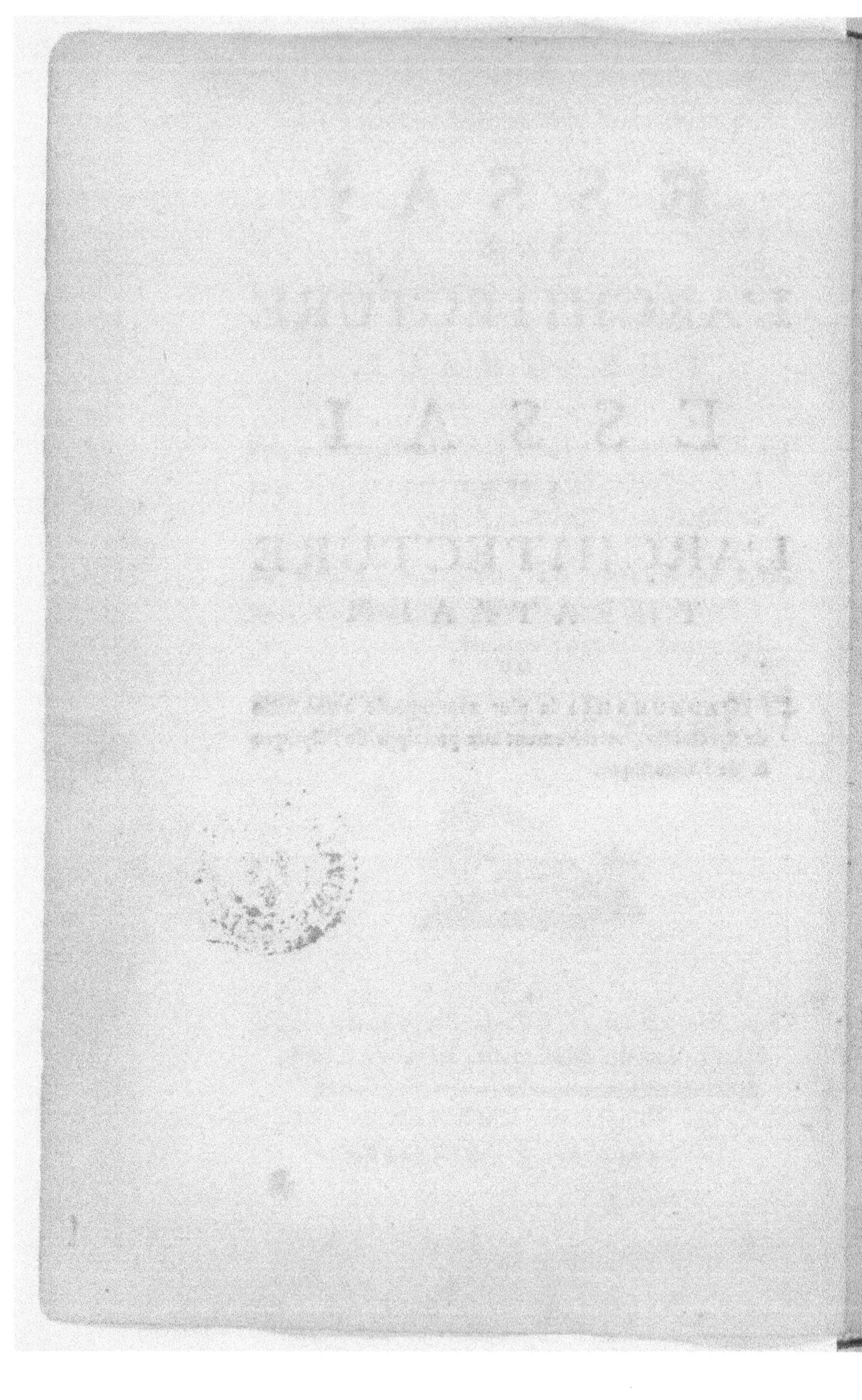

ESSAI
SUR
L'ARCHITECTURE
THÉATRALE.

OU

De l'ORDONNANCE la plus avantageuſe à une Salle de Spectacles, relativement aux principes de l'Optique & de l'Acouſtique.

Avec un Examen des principaux Théâtres de l'Europe, & une Analyſe des écrits les plus importans ſur cette matiere.

Par M. PATTE, Architecte de S. A. S. Mgr. le Prince PALATIN, Duc regnant de Deux-Ponts.

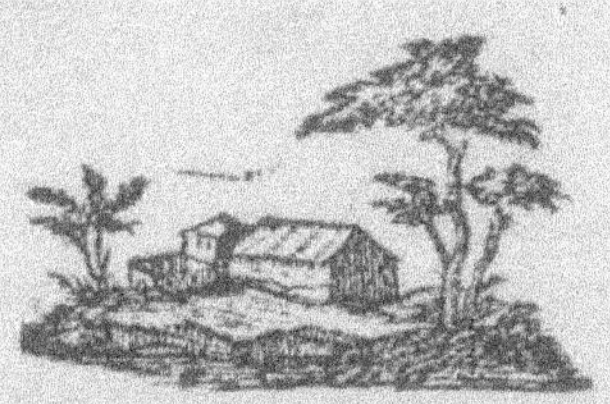

A PARIS,
Chez MOUTARD, Libraire-Imprimeur de la REINE, rue des Mathurins, Hôtel de Cluny.

M. DCC. LXXXII.

Avec Approbation & Privilege du Roi.

ESSAI SUR L'ARCHITECTURE THÉATRALE.

De la Figure la plus favorable à un Théâtre moderne.

Il n'y a peut-être pas de question sur laquelle on paroisse aussi peu d'accord que sur la disposition intérieure d'une Salle de Spectacles. Les uns prétendent que la figure circulaire ou demi-circulaire est la plus favorable ; les autres veulent que ce soit l'ovale ou le demi-ovale ; d'autres, & c'est le plus grand nombre, croient qu'il est libre d'adopter toutes sortes de courbes indifféremment, celle d'une cloche, d'une raquette, d'un fer-à-cheval, d'un octogone, d'un quarré-long ou parallélograme, &c. &c. Et à ne considérer que les exemples, on trouve en effet de quoi appuyer toutes ces opinions.

Les Anciens pensoient, à ce qu'il paroît, bien différemment : ils avoient adopté la figure demi-circulaire pour leurs Théâtres ; ils n'en employoient pas d'autres, & il est prouvé qu'ils ne s'y étoient assujétis, qu'à cause des avantages marqués qu'elle procuroit à leurs Spectacles. Par quelle raison les Modernes n'ont-ils pas aussi adopté cette forme, ou du moins établi, à l'imitation des Anciens, des regles constantes pour la composition de ces édifices? ou comment ont-ils pu se flatter de quelque succès en procédant arbitrairement à cet égard ?

Cependant, pour peu qu'on y réfléchisse, il ne semble pas difficile de découvrir quelles peuvent être ces regles ; car elles doivent avoir de toute nécessité pour base, la maniere dont s'administrent les plaisirs que procurent les Spectacles dramatiques ou lyriques. Interrogeons-les, & voyons en quoi ils consistent. Leur but n'est-il pas de réussir, soit à émouvoir le cœur en excitant la terreur & la pitié, soit à amuser l'esprit par la peinture des ridicules, à dessein de les corriger ? N'est-il pas de parvenir à charmer à la fois les yeux & les oreilles, par la pompe du Spectacle, par la magie des décorations, par la vérité de l'action théâtrale, par le jeu des Acteurs, par la beauté de leur voix, par le développement des ballets, par les accompagnemens des chœurs? N'est-il pas, en un mot, de mettre en œuvre les ressorts les plus propres à remuer l'ame, à faire illusion aux sens, & à enchanter les spectateurs? Or, ne voilà-t-il pas, par ce seul exposé, l'ordonnance d'un Théâtre en quelque sorte décidée? Les yeux & les oreilles étant destinés à être les agens des plaisirs que nous nous y proposons, il résulte donc qu'il doit être disposé de façon à remplir essentiellement le double objet de bien voir & de bien entendre; que sa figure doit être un composé de formes optiques & acoustiques les plus propres à favoriser ces organes; que tout doit se rapporter à ces considérations fondamentales; & que les autres avantages qu'on voudroit lui procurer par une bonne distribution & par une agréable décoration d'Architecture, doivent leur être subordonnés. Il ne sauroit assurément y avoir aucun doute là-dessus.

Mais à quel point y a-t-on réussi? A quelle figure faut-il donc s'attacher? Toutes sont-elles également capables de remplir le but desiré, ou n'est-ce pas plutôt à l'incertitude qui subsiste sur cette détermination, qu'il faut attribuer le peu de succès de presque toutes les Salles de Spectacles de quelque étendue? Telle est la question que nous nous proposons d'examiner dans cet Ouvrage.

Puisque les yeux & les oreilles sont les organes immédiats des amusemens que procurent les Spectacles, c'est évidemment dans les considérations de ce qui peut le plus les favoriser, qu'il s'agit de découvrir quelle doit être la figure la plus avantageuse à un Théâtre : en conséquence nous allons commencer par exposer la maniere d'agir du son, & particuliérement de la voix; comment il se propage, quelles sont les causes susceptibles de l'altérer ou de le faire valoir; ensuite nous examinerons comment s'opére la vision, ce qui peut la favoriser ou lui préjudicier; & ce sera du résultat de toutes ces observations, que nous déduirons tout naturellement quelle doit être la figure en question.

Ces principes étant constatés, nous ferons passer en revue les principaux Théâtres, pour montrer jusqu'à quel point on y a eu égard dans leur composition : delà nous apprécierons ce qui a été dit de plus intéressant sur le sujet que nous traitons, dans plusieurs écrits qui ont paru depuis quelque temps; enfin, nous terminerons cet Ouvrage par l'application de la figure trouvée à une Salle de Comédie ou d'Opéra, en y joignant des remarques sur tous ses accessoires, afin de parvenir à en faire un tout raisonné, & d'où il résulte la satisfaction que l'on a droit d'attendre de son exécution.

DES CONSIDÉRATIONS relatives à l'ouie & à la vision, pour parvenir à déterminer la véritable figure d'un Théâtre moderne.

§. I.

De la maniere d'agir du son & sur-tout de la voix, & quelles sont les causes capables d'en altérer ou d'en augmenter l'effet.

Le son est une espece de trémoussement invisible qui s'opere dans l'air à l'occasion du mouvement d'un corps résonnant; ainsi l'air étant le milieu qui le transmet, c'est nécessairement par son secours qu'il se propage. Il s'étend en tous sens, à la sortie du corps résonnant, par des rayons de ce fluide qui vont en s'écartant sans cesse & en s'affoiblissant, à mesure qu'ils s'éloignent du centre d'où ils sont partis; & s'il leur arrive de frapper l'oreille chemin faisant, c'est rapidement, sans mélodie & avec une sorte de sechéresse; mais il n'en est pas de même, quand les rayons d'air mis en mouvement par le son, rencontrent quelques obstacles à leur extension naturelle, ou réfléchissent contre quelques corps; car alors, outre sa force directe, le son en obtient une de retour, susceptible de différens effets & d'une multitude de modifications qui lui sont plus ou moins avantageuses; & c'est cette théorie des sons qui constitue les principes de la Science que l'on nomme *Accoustique*. Donnons une idée sommaire des principales modifications produites par les renvois du son, & qui sont constatées par toutes les expériences de physique.

La matiere des corps sur lesquels le son réfléchit, contribue, soit à le changer, soit à l'émousser, soit à le faire valoir. Les corps durs, tels que le marbre, la pierre, le fer, &c. renvoient en général le son séchement, mais sans agrément & avec une sorte de crudité. Les corps mous au contraire, comme le sable, l'huile, l'eau, la toile, la laine, &c. sont, par leur rencontre, préjudiciables au son : ils sont reconnus pour l'énerver, l'absorber & mettre obstacle à ses renvois. Le bois est celui de tous les corps qui passe pour être le plus favorable à l'harmonie; aussi la plupart des instrumens de musique en sont-ils fabriqués; il est sonore & élastique à la fois; il réfléchit le son agréablement; & sa rencontre occasionne de légeres vibrations qui augmentent sa force &

sa durée, sans néanmoins préjudicier à sa netteté.

Quand la réflexion se fait de près, la force directe & celle de retour se confondent; mais lorsqu'il y a une certaine distance, si le son en revenant par réflexion rencontre différens obstacles qui lui font faire plus de chemin que celui qui frappe directement l'oreille, comme il y arrive alors plus tard que l'autre, il répete la premiere impression, & c'est-là ce qui produit ce que l'on nomme *Echo :* plus les obstacles en se multipliant & en renvoyant la force de retour de l'un à l'autre alongent ce chemin, plus l'écho répete de fois le même son, & l'on en a entendu qui répétoient jusqu'à douze & quinze fois : ainsi il ne sauroit y avoir d'écho dans un plat-pays; c'est dans les rochers, les bois & les montagnes qu'ils sont fréquens.

Si la masse d'air qu'un son embrasse se trouve circonscrite ou appuyée par des corps environnans qui le rencontrent avant qu'il soit épuisé, son effet paroît augmenter très-sensiblement; c'est pourquoi l'on remarque que la voix, qui n'est qu'un son modifié, est bien plus forte dans une chambre que dans une rue, & dans une rue qu'en rase campagne, ou sur une montagne.

Il eſt d'expérience que les formes les plus propres à fortifier le ſon & à lui donner de l'harmonie, ſont en général les concaves, attendu qu'elles raſſemblent ſes renvois vers des points communs qui les concentrent, & que conſéquemment elles entretiennent plus long-temps le mouvement de l'air occaſionné par le corps réſonnant. Le choix n'en eſt cependant pas indifférent; car il y a des formes concaves, telles que celles de la plupart des voûtes ſurmontées, qui n'augmentent d'ordinaire l'effet ou le bruit du ſon qu'aux dépens de ſa netteté, de ſon agrément, & en produiſant des échos ou des redondances qui dégénerent ſouvent en cacophonie : auſſi, pour que les voûtes ſoient véritablement avantageuſes à l'harmonie, faut-il qu'elles aient peu de concavité, ou du moins qu'elles ſoient diſpoſées de maniere à renvoyer le ſon directement vers les auditeurs, & ſans qu'il puiſſe réfléchir pluſieurs fois dans leur intérieur avant d'arriver à leurs oreilles. Par une raiſon toute oppoſée, les formes convexes ſont les plus défavorables au ſon ; elles nuiſent à ſa durée, ou bien elles l'énervent, ou bien elles font tort à ſon retour en rendant ſes rayons encore plus divergens, & en les empêchant d'agir de concert contre leurs parois.

On réussit par art à le propager à une distance considérable, & il n'est question pour cela que de comprimer fortement les rayons d'air mis en mouvement par le corps résonnant, en les faisant passer par un canal long & étroit, soit reployé sur lui-même comme une trompette, soit recourbé comme un cor-de-chasse; par ce moyen, ces rayons d'air venant à se dilater à la sortie du corps résonnant, parviennent ainsi à transmettre au loin l'impression qu'ils ont reçue. Qui est-ce qui n'a pas entendu parler des essais faits à Londres avec succès, par le Chevalier Morland, d'une espece de *Trompette parlante* ou de porte-voix, à l'aide de laquelle on parvenoit à se faire entendre distinctement à plus d'une lieue?

Enfin on est venu à bout de modifier le son, tellement qu'un Savant du dernier siécle (1) a entrepris de faire voir la possibilité de distribuer un lieu capable de le décomposer à l'aide de ses différens renvois, au point de faire entendre autre chose que ce qui auroit été dit : en demandant, par exemple, dans un lieu disposé suivant une

---

(1) *Musurgia universalis*, par le Pere Kirker. *Tom. II. Page* 128.

certaine combinaison, & dont il donne la figure, *Quod tibi nomen ?* Le concours des renvois occasionnés par la distribution des corps environnans, répétoit distinctement vers une place déterminée, *Constantinus.* Assurément il n'y a aucun rapport même de consonnance entre la demande & la réponse ; & s'il est vrai, comme il n'y a point à en douter, que les renvois, à raison de la forme des corps qui les réfléchissent, soient susceptibles de changer ainsi les articulations du son, il s'ensuit donc qu'on ne peut se dispenser d'y avoir égard lors de la distribution d'une Salle, où tout doit tendre à le favoriser, & que par conséquent sa figure ne sauroit être déterminée arbitrairement.

L'Air étant le véhicule ou l'agent à l'aide duquel le son se propage, c'est évidemment à sa maniere d'agir & de se réfléchir contre les corps environnans, qu'il convient de recourir principalement pour expliquer les raisons de ses modifications & de ses variétés. Il a été prouvé qu'il est un composé de molécules contiguës, qu'il a de l'étendue, de la divisibilité, de la résistance, de l'élasticité, qu'il est matériel (1), qu'il peut recevoir & trans-

---

(1) *Leçons de Physique expérimentale*, par M. l'Abbé Nollet.

mettre le mouvement, & qu'en un mot il a les principaux attributs qui caractérisent les corps : cela étant, il doit être aussi soumis aux mêmes loix, lorsqu'il rencontre quelques obstacles à son extension. On démontre en Méchanique, *que l'angle de réflexion d'un corps, qui frappe une surface qui lui résiste ou qui le renvoie, est toujours égal à l'angle d'incidence*. Soit une surface résistante *f*, *Figure I*, *Planche I*, q'un corps *b* dirigé suivant la ligne *b a* vient frapper au point *a*, en formant l'angle *c a d*, ce corps *b* sera renvoyé vers *g*, de façon que l'angle de réflexion *f a e* sera égal à l'angle d'incidence *c a d*; & cela sera sans cesse vrai, quelle que soit la surface résistante contre laquelle se fera la réflexion (1); par conséquent les rayons d'air mis en mouvement par le son, suivront aussi cette détermination commune à la rencontre des corps qui ne les absorberont pas.

Descartes, par une suite de son système des tourbillons, prétendoit que le son agissoit toujours circulairement & en réagissant sur lui-même contre les corps environnans, de maniere à for-

(1) On fait voir dans tous les Livres de Physique, que la réflexion des rayons de la lumiere est même soumise à cette loi.

mer des especes d'ondulations, à peu près comme celles qui résultent de l'effet d'une pierre que l'on jette dans un bassin d'eau dormante.

On sait que ces ondulations s'étendent circulairement & se succédent en s'affoiblissant à mesure qu'elles s'éloignent du centre de leur mouvement; & que, si elles rencontrent les bords du bassin avant que d'être épuisées, leur choc contre ses bords produit d'autres ondulations qui, en revenant vers les premieres, paroissent les fortifier & faire durer le mouvement. Mais on a reconnu depuis que cet effet n'étoit pas le seul, & n'avoit lieu que quand le son agissoit verticalement, comme celui d'une cloche suspendue; car si le son au contraire se trouve dirigé obliquement, tel, par exemple, que celui de la voix humaine, il paroît agir différemment & avec une direction déterminée vers les corps environnans, soit en comprimant les molécules d'air contiguës, mises en mouvement à raison de leur élasticité ou divisibilité, soit en les pénétrant comme font les rayons de la lumiere, soit en les repoussant ou déplaçant comme il arrive par l'effet du vent.

Quelle que soit au surplus la maniere dont le son ébranle l'air environnant, toujours est-il constant, par les effets qui en résultent, que ses rayons ou les files de molécules d'air ébranlées sont renvoyés dans tous les cas, suivant la loi générale des angles d'incidence & de réflexion, par les obstacles qu'ils rencontrent à leur extension, comme il a été dit ci-devant; & qu'ainsi pour distinguer les figures les plus favorables au son & les plus propres à le concentrer, il n'est question que de faire attention à la maniere dont pourront s'opérer ses renvois (1).

C'est une régle constante que rien n'agit quarrément dans la nature, & que tout paroît se mouvoir, tourner ou graviter, soit circulairement, soit elliptiquement, soit suivant de certaines courbes autour de quelques centres. Dieu, a-t-on dit, n'a fait que *géométriser* en créant l'Univers : le son conséquemment doit être aussi asservi à l'une de ces déterminations. Lorsqu'il est produit par une cloche suspendue au milieu d'un lieu libre, ou qu'il est dirigé verticalement comme par le bruit d'une boëte chargée de poudre, en supposant qu'il ne soit pas contrarié par le vent ou par des

(1) Ce sont les renvois de l'un à l'autre des différens corps environnans qui produisent les échos; aussi, pour expliquer leurs effets, n'est-il évidemment question que d'observer leur disposition respective.

corps environnans, il se propage, avons-nous dit, circulairement de toutes parts, à peu près comme font les ondulations dans un bassin d'eau dormante, & sa force de retour réfléchit vers le centre de son mouvement, par la raison que les rayons d'un cercle sont toujours perpendiculaires à sa circonférence : mais il n'en est pas de même si le son est poussé obliquement par un canon ou par la voix humaine ; il doit alors de nécessité embrasser, quand il a toute liberté de s'étendre, une masse d'air toute différente, plutôt oblongue que barlongue, plutôt elliptique que circulaire, & qui paroît devoir offrir à peu près la forme d'un melon ou d'un sphéroïde alongé, dont l'axe est même un peu incliné de bas en haut suivant la direction du canal d'où il est parti, & dont le corps résonnant, au lieu d'être placé au centre comme dans le premier cas, paroît au contraire placé vers l'un des foyers du sphéroïde.

La preuve que la masse d'air ébranlé est alors une espece de sphéroïde alongé, se tire de ce que le son de la voix ou d'un coup de canon, se fait entendre dans un air tranquille, plus loin dans le sens de la direction du canal d'où il sort ; ou, ce qui revient au même, de sa force directe, qu'en arriere, & encore plus loin vers les côtés qu'à l'opposite de l'endroit vers lequel il a été poussé. Une autre preuve non moins palpable, que l'axe de ce sphéroïde d'air mis en mouvement est oblique & un peu incliné de bas en haut dans le sens de sa direction, se peut tirer de ce que la voix, par exemple, s'entend toujours mieux dans les parties supérieures d'une Salle d'auditoire ou d'un bâtiment, que dans les inférieures : il n'y a personne qui n'ait été à portée de faire cette observation.

De toutes ces considérations, il s'ensuit que l'essence même d'un son poussé obliquement comme l'est la voix humaine, sa maniere d'agir, la masse d'air qu'elle ébranle dans un lieu tranquille, doivent concourir à faire regarder la figure elliptique, qui n'est que la section d'un sphéroïde alongé suivant son grand diametre, comme la plus naturelle pour circonscrire la voix avant qu'elle soit épuisée, & par conséquent pour déterminer la véritable forme d'une Salle d'auditoire ou de Spectacles ; car alors le contenant se trouvant avoir du rapport avec le contenu, la réflexion des rayons de la voix contre ses entours se fera sans contredit plus uniformément que contre toute autre courbe qui n'auroit pas de relation avec la masse d'air mise en mouvement, & il y aura nécessairement plus de concert, plus d'unanimité dans ses renvois.

Mais, quand même la figure elliptique ne seroit pas en apparence plus naturelle que toute autre pour faire valoir la voix, elle mériteroit la préférence à cause de l'avantage précieux qu'elle a de pouvoir la concentrer vers les auditeurs dans toute sa plénitude : l'on démontre en Géométrie, qu'une des propriétés de l'ellipse est que *si l'on tire d'un de ses foyers, tant de rayons que l'on voudra vers sa circonférence, ces rayons, à raison de l'égalité des angles d'incidence & de réflexion contre cette courbe, seront tous renvoyés ou réfléchis vers l'autre foyer.* Pour nous rendre plus intelligibles, réduisons ce que nous venons de dire à un fait donc chacun soit en état de se rendre compte : supposons un billard de forme véritablement elliptique, *figure II*, & que son fer ait été fixé à l'un des foyers *g*; alors une bille placée à l'autre foyer *f* étant poussée vers un endroit quelconque *k*, *l*, *m*, *n*, des bords de ce billard, retournera toujours frapper le fer *g* par bricole.

Par conséquent la même chose arrivera à une Salle de Spectacles que l'on feroit sans interruption

de

de figure elliptique, il n'y auroit qu'à placer le lieu de la ſcène à l'un des foyers *f*, la réflexion ou réaction de la voix contre ſon pourtour *k l d m n*, ſe trouveroit également répercutée ou renvoyée de toutes parts contre l'autre foyer *g*, où eſt communément placé la plupart de l'auditoire. Alors le concours de tous ces renvois formeroit par leur réunion vers cet endroit *g*, une colonne ſonore, également ſoutenue dans toute la hauteur de la Salle, laquelle, en entretenant longtemps le mouvement de l'air, donneroit du corps à la voix, lui procureroit le plus grand effet qu'il fut permis d'en attendre dans tout lieu de même étendue, mais d'une autre forme, & la propageroit en quelque ſorte à l'uniſſon, au point qu'il eſt à croire qu'on entendroit également des places les plus éloignées de la ſcène, comme des plus voiſines (1).

(1) Tout l'artifice de ce qu'on nomme *Cabinets ſecrets*, ne conſiſte qu'à les diſpoſer auſſi en forme elliptique. Alors, ſi une perſonne placée à l'un des foyers *f fig. II.* parle tout auſſi bas qu'il peut à l'oreille de quelqu'un, les rayons d'air mis en mouvement par la voix, en rencontrant les murs du cabinet, vont tous réfléchir vers l'autre foyer *g*; d'où il réſulte que celui placé au lieu *g* entend la perſonne qui parle en *f*, auſſi diſtinctement que ſi elle

Quand nous parlons de l'ellipse, il faut bien se garder de la confondre avec l'ovale, dont on fait d'ordinaire usage. Quoiqu'elles aient de la ressemblance, elles sont cependant fort différentes. L'ellipse est une section oblique faite dans un cône; elle à pour base une figure parfaite & réguliere qui est le cercle de son petit diametre. Sa courbe se décrit uniformément par deux centres qu'on nomme *Foyers*, qui ne sauroient être communs à d'autres ellipses plus petites ou plus grandes; enfin, elle peut être divisée en deux également par tous les diametres qui passeront par son point milieu : au lieu que l'ovale est une figure idéale, dont la base est une courbe irréguliere, & qui ne sauroit être partagée en deux parties égales que par un seul diametre; elle se décrit par quatre centres variables, desquels il est possible de tracer d'autres ovales concentriques, & qui n'ont point la propriété de l'ellipse pour les renvois (1).

---

en étoit tout proche, tandis que ceux placés par tout ailleurs n'entendent rien. Voyez l'*Encyclopédie* à cet article.

(1) Voici comme s'opere l'ellipse. Après avoir déterminé à volonté le grand & le petit diametre *a b*, *c d*, & les avoir croisés à angles droits, de façon à se couper réciproquement en *e* en deux parties égales, on parvien-

En vain espéreroit-on trouver de semblables avantages dans quelque autre courbe. Seroit-ce dans la figure demi-circulaire *Fig. IV?* Comme les rayons *a b*, *a c*, *a c*, sont toujours perpendiculaires à sa courbe, en supposant la voix au centre *a*, qu'en résulteroit-il, sinon qu'elle seroit renvoyée vers l'acteur & non au milieu des auditeurs, comme dans l'elliptique?

---

dra à fixer les foyers *f* & *g*, en portant la moitié *a e* du grand diametre, depuis chaque extrémité *c* & *d* du petit, de part & d'autre vers le grand ; & le point d'intersection ou de rencontre *f* & *g*, marquera sur le grand diametre la place des foyers. On peut tracer l'ellipse à la main en élevant des lignes perpendiculaires au grand diametre, sur lesquelles on déterminera par des moyennes proportionnelles entre le grand & le petit diametre, les points par lesquels doit passer sa courbe : mais comme ce procédé est long, on se borne dans la pratique, à placer aux foyers *f* & *g*, des piquets où l'on attache les extrémités d'un cordeau égal en longueur au grand diametre *a b*; alors, en faisant bander ce cordeau uniformément, à l'aide d'un traçoir on décrit sa courbe *a r k o l d m n b c p q*, dont tous les points se trouvent conséquemment sans cesse éloignés des foyers *f* & *g*, de la longueur *a b*. On appelle vulgairement cette maniere de faire l'ellipse, l'*ovale du jardinier*, pour la distinguer des ovales qui se décrivent par quatre centres.

Seroit-ce dans la figure demi-circulaire ? *Fig. V.* En ſuppoſant l'acteur vers l'un de ſes bords *a*, ſi l'on tire delà des lignes *a b*, *ac*, *ad*, de toutes parts vers ſa circonférence, on obſervera qu'à raiſon de l'égalité des angles d'incidence & de réflexion, le rayon *a b* ſera réfléchi en *e*; *a c* ſera réfléchi en *f*; *a d* en *g*: renvois qui ne ſeroient aucunement avantageux, vu qu'ils agiroient un à un & ſans unanimité. La même choſe arriveroit à peu près, ſi, au lieu de ſuppoſer l'acteur au bord du cercle, on s'aviſoit de le placer dans ſon intérieur, par exemple en *h* vers le quart de ſon diametre; pour juger de l'effet qui en réſulteroit, il n'y a qu'à tirer auſſi de ce point *h* des lignes *h i*, *h k*, vers ſa circonférence *l* & *m*; l'on s'appercevra par les angles d'incidence & de réflexion, que la voix agiroit auſſi ſans aucun concert, ou ſans pouvoir être fortifiée par le concours de ſes renvois.

La parabole, *Fig. VI*, ne ſauroit non-plus convenir, parce que, ſuivant ſa propriété connue, toute action *a c*, *a d*, qui s'exerce en partant de ſon foyer *a*, ſe réfléchit, par l'angle d'incidence contre ſa courbe, parallelement à ſon axe *a b*, c'eſt-à-dire ſuivant *c f*, *d e*; & réciproquement toute action, qui s'exerce ſuivant les lignes *e d*, *f c*, parallelement à l'axe *a b*, contre sa courbe, réfléchit de concert au foyer *a* : or ces renvois, qui pourroient être favorables à un porte-voix, à une trompette, ou au son sortant par un canal étroit dont l'embouchure se trouveroit au foyer, ne peuvent aussi convenir à concentrer la voix dans une Salle : car, dans le premier cas, le but est de presser les rayons d'air mis en mouvement, de maniere à en former une espece de faisceaux, qui, à raison de leur forte compression, soient capables de porter le son au loin avec le seul secours de sa force directe ; & dans le second cas au contraire, il s'agit de recueillir sa force de retour avant qu'il soit épuisé, & de distribuer en conséquence les corps environnans, pour le fortifier & le faire valoir ; ce qui est tout différent.

Que l'on fasse ainsi passer en revue toutes les autres figures, on verra également qu'en choisissant, soit vers leurs bords, soit vers leurs centres, un point quelconque pour la voix, on n'en trouvera aucune qui la renvoie aussi favorablement que celle dont il s'agit.

L'ellipse étant décidée la plus avantageuse par rapport à l'ouie, il n'est plus question que de déterminer quelle peut être la plus grande étendue qu'il est permis de lui donner. On sait que la portée de la voix n'est point illimitée, & qu'après un certain terme, elle dégenere successivement en un bruit vague, confus, & dont on ne distingue plus enfin les articulations. Ainsi il est donc important de réduire sa grandeur à de certaines bornes, afin d'obtenir encore l'avantage des renvois avant qu'elle soit épuisée, puisqu'ils sont si capables de la fortifier & de la faire valoir. C'est à l'expérience journaliere qu'il convient de recourir pour cette détermination. On remarque qu'au-delà de 72 pieds, une voix ordinaire a de la peine à se faire entendre, & à laisser distinguer ses articulations dans un lieu clos & couvert, sans crier, ou sans faire des efforts qui ne sauroient être continus : encore est-il besoin que les entours du lieu où elle se propage, soient déja à un certain point distribués favorablement; car en plein champ ou bien en rase campagne, à peine les distingueroit-on aux deux tiers de cette distance. Cela étant, il paroît donc indispensable de ne point outre-passer cette étendue, ou de ne point admettre des places dans une Salle d'Auditoire ou de Spectacles, au-delà de 72 pieds, depuis le lieu où doit parler l'Orateur ou l'Acteur. Par ce moyen les rayons du son ne se trouvant pas épuisés en arrivant aux dernieres places, on y pourroit jouir encore de l'avantage des renvois, sur-tout par le secours de la forme elliptique. Quoique cette approximation ne puisse être déterminée avec une précision géométrique, comme elle ne sauroit sensiblement s'écarter de la vérité, on doit y avoir égard.

De tout ce que nous venons d'exposer, il demeure constant que la courbe elliptique a sans contredit, sur toutes les autres, une supériorité marquée pour faire valoir la force de retour de la voix, & qu'il ne s'agit plus pour en obtenir tout l'effet possible, que de se rendre ensuite attentif à deux choses; l'une de revêtir son pourtour de matieres sonores & élastiques, telles que de bois, conformément aux observations physiques; l'autre d'éviter tout ce qui pourroit contrarier la liberté de ses renvois vers l'Auditoire.

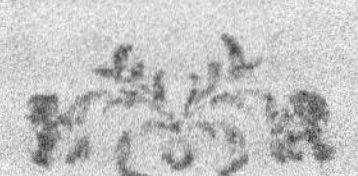

§. II.

Des causes qui mettent obstacle à la vision, & des moyens de la favoriser dans une Salle de Spectacles.

La meilleure maniere & à la fois la plus naturelle de voir un objet, c'est sans contredit de le regarder en face, sans être obligé de hausser, de baisser ou de tourner la tête, c'est-à dire de façon que les rayons visuels tombent perpendiculairement dans l'œil; mais cela n'est gueres praticable dans un Théâtre spacieux, tel que l'exigent les amusemens d'une grande Ville, & où, pour multiplier les places, non content d'en couvrir le sol, on veut encore en tapisser le pourtour des murs dans toute leur hauteur. Ainsi donc, à raison de ces diverses positions, tous les spectateurs ne sauroient jouir également de l'aspect de la scène ou de l'action théâtrale; chacun d'eux la voit nécessairement avec quelque différence: ceux qui sont placés sur les côtés & dans les loges latérales, ne peuvent l'appercevoir comme ceux qui sont en face, dans le parquet ou le parterre.

Il en eſt de même de l'aſpect des décorations théâtrales : il n'y a qu'un petit nombre de ſpectateurs qui jouiſſent complettement de leurs effets ; & pour peu qu'on y faſſe attention, on obſervera qu'il n'y a qu'un point de vue qui ſoit exactement vrai par rapport à l'évaſement, à la poſition ou à la perſpective des décorations ; lequel point de vue correſpond d'ordinaire au milieu de la loge du premier rang en face du Théâtre, ou au centre de ce que nous appellons en France l'*Amphithéâtre*. C'eſt volontiers vers cet endroit que le décorateur dirige le principal effet des tableaux de la ſcène : ceux qui les apperçoivent de toutes autres places ſont en quelque ſorte dans une ſituation forcée à leur égard, trop haut, trop bas, ou trop de côté : & c'eſt la grande ſupériorité que le réel ou le relief aura toujours ſur le factice, ou ſur ce qui n'eſt que peint. Le premier a une multitude de points de vue ou d'aſpects qui paroiſſent ſans ceſſe naturels malgré leurs variétés : le ſecond, c'eſt-à-dire un tableau, une décoration théâtrale ou une perſpective, n'a véritablement qu'un ſeul endroit, un ſeul lieu, d'où il faſſe un effet raiſonné, & hors duquel on ne ſauroit gueres l'appercevoir que d'une façon défectueuſe : l'art ne parviendra jamais à rectifier ce désavantage, auquel l'habitude, & encore plus le défaut de réflexions, rendent d'ordinaire insensible.

Laissant à l'écart toutes ces spéculations, qui intéressent plus particuliérement le Peintre de décorations que l'Architecte, il nous suffira de remarquer que les attentions qu'il convient d'apporter à l'égard de la maniere de voir les objets scéniques, se bornent à trois principales, qui toutes regardent la distribution respective des places dans une Salle de Spectacles.

La premiere consiste à ne point trop éloigner les spectateurs du lieu de la scène, afin qu'ils soient à portée de pouvoir discerner le jeu, les gestes & l'expression du visage des Acteurs, qui font une partie du plaisir que l'on reçoit des représentations dramatiques, & par conséquent de l'illusion qu'elles doivent produire. Il y a dans les pieces des scènes muettes, des especes de pantomimes, qui seroient perdues pour une partie du public, si l'on donnoit à une Salle une étendue démésurée. Les ballets perdroient aussi de leurs effets : comment distingueroit-t-on la précision des pas, le dessin & la grace des danses dans un trop grand éloignement? La vision, comme l'ouie, a donc des bornes, auxquelles il ne s'agit que de ſe rendre attentif pour les reconnoître. Il n'y a perſonne qui n'ait remarqué qu'on avoit communément de la peine à diſcerner les mouvemens du viſage & ſes expreſſions, au-delà de 60 à 72 pieds, c'eſt-à-dire, à peu près à la même diſtance que la portée ordinaire de la voix : ainſi voilà donc la plus grande étendue d'une Salle de Spectacles naturellement limitée par rapport à la viſion & à l'ouie : elle ne doit pas avoir plus de 72 pieds depuis le lieu de la ſcène juſqu'aux places les plus éloignées.

La ſeconde eſt d'obſerver de ne point élever au-delà de certaines bornes, les places ſupérieures d'une Salle, tant pour ne point trop fatiguer la vue en la rendant trop plongeante, qu'afin d'empêcher les angles formés par les rayons viſuels de haut en bas, de corrompre ou de défigurer les objets ſcéniques par leur trop grande aiguité. Les Phyſiciens ont reconnu qu'en-deçà d'un angle de 30 degrés, les objets vus de haut en bas paroiſſent ſenſiblement ſe déformer à cauſe des raccourcis, & à ne plus paroître ſuffiſamment développés pour en recevoir du plaiſir. Si les places en face du Théâtre n'ont pas cet inconvénient, celles qui ſont latérales & les plus élevées y ſont au contraire très-ſujettes. Il n'y a qu'un moyen d'y obvier, c'eſt de proportionner toujours la hauteur d'une Salle à l'ouverture de ſon Théâtre : plus elle doit être étroite & moins il faut l'élever, afin qu'en toutes circonſtances, en tirant des rayons viſuels des places latérales ſupérieures, on puiſſe en appercevoir les objets ſous un angle au-deſſus de 30 degrés, c'eſt-à-dire, qui ſoit capable de procurer encore quelque agrément de leur aſpect.

La troiſieme, & qui n'eſt pas moins eſſentielle que les précédentes, c'eſt de s'attacher à donner à l'intérieur d'une Salle, une figure qui ne gêne aucunement l'aſpect de la ſcène. Sa courbe doit être de nature à ne mettre aucun obſtacle a ce que l'œil du ſpectateur embraſſe toute l'ouverture du Théâtre, & même puiſſe prolonger ſes rayons viſuels juſqu'à la toile du fond, ſans l'interpoſition d'aucun corps opaque. Au parterre, au parquet, en face de la ſcène, on découvre aiſément tout cela ; mais c'eſt vers les places latérales & les loges qui avoiſinent la ſcène, que l'on rencontre communément des obſtacles ; & pour y remédier efficacement, il faudroit ſans ceſſe conſidérer la plus grande largeur d'une Salle comme la baſe d'un cône, dont le ſommet correſpondît au milieu du fond du Théâtre, & dont les côtés ne fuſſent interrompus ſous aucun prétexte, soit par l'avant-scène, soit par son ouverture, soit par quelque corps intermédiaire; mais c'est ce qu'on ne fait presque jamais.

Il résulte manifestement de toutes ces remarques sur la distribution des places regardées d'ordinaire comme les plus désavantageuses dans un Spectacle, que pour faire disparoître leurs inconvéniens, le tout dépend d'établir des relations constantes, entre la longueur d'une Salle, sa largeur, l'ouverture du Théâtre, & la plus grande élévation des Spectateurs, qui soient telles que l'une ne puisse préjudicier à l'autre.

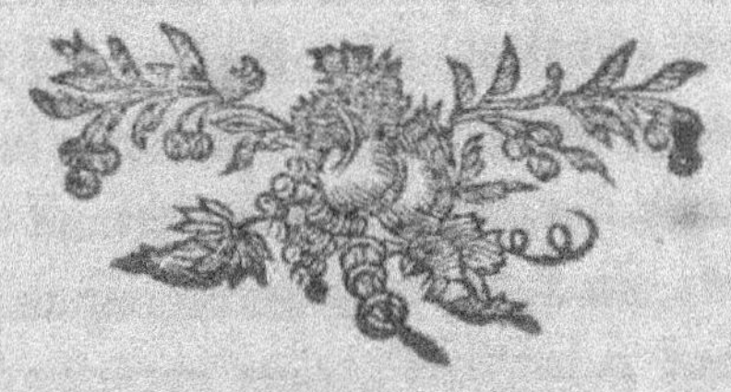

§. III.

Que l'Ellipse seule réunit tous les avantages desirés pour une Salle de Spectacles.

Si l'on examine attentivement la figure elliptique, *Fig. II*, que nous avons déja prouvé être plus favorable que toute autre aux renvois du son, on remarquera qu'elle est encore susceptible d'être modifiée suivant tous les rapports convenables à la vision ; & il ne s'agit, pour n'en laisser aucun doute, que de les déterminer particuliérement.

Soit une ellipse, dont la longueur du grand diametre *a b* ait été reglée sur la portée ordinaire de la vue & de la voix, & dont la longueur du petit diametre *c d* soit au grand comme 3 est à 4, proportion qui est reconnue pour être agréable en exécution. Après avoir fixé ses foyers *g* & *f* suivant le procédé ordinaire, & tracé sa courbe, il n'y a qu'à déterminer le bord du Théâtre par une ligne *p h o* parallele à *c d*, qui coupera le diametre *a b*, ou l'ellipse par un bout au quart de sa longueur : si l'on tire ensuite des extrémités *c* & *d* du petit diametre, des lignes *c i*, *d i* vers le fond du Théâtre *i*, l'intersection de ces lignes avec l'ellipse aux points *q r*, donnera non-seulement l'ouverture du Théâtre *q r*, mais encore la profondeur *p q* & *r o* de l'avant-scène: ainsi il résulte de toutes ces déterminations; 1°. que l'ellipse étant coupée vers le quart de sa longueur *p o* par le bord du Théâtre, *h b* sera égal à *c d*, c'est-à-dire que la Salle proprement dite aura autant de longueur que de largeur, ce qui ne sauroit être que très-propice à la vue & à la voix; 2°. Que sa plus grande largeur ou son petit diametre *c d* ayant été considéré comme la base d'un triangle, dont les côtés prolongés jusqu'au fond du Théâtre, ont servi à déterminer son ouverture *q r*, on appercevra évidemment des places *c* & *d*, réputées pour les plus désavantageuses, le fond *i* des décorations sans aucun obstacle; 3°. Que l'ouverture *q r* est environ la moitié du grand diametre *a b*, & les deux tiers du petit *c d*; 4°. Que la profondeur *p q* & *r o* de l'avant-scène est la moitié de *a h*, partie de l'ellipse coupée par le bord du Théâtre *p o*; 5°. Qu'enfin l'avant-scène n'interrompant pas la courbe elliptique, & un des foyers *f* se trouvant naturellement placé au milieu, tous ces rapports ne sauroient manquer de concourir à favoriser les les yeux & les oreilles.

Quant à l'angle de vue des places latérales les plus élévées, il n'eſt queſtion, pour le déterminer, que de donner auſſi une relation entre la largeur de la Salle & l'élévation de ces places, d'où il puiſſe réſulter d'appercevoir les objets ſcéniques encore agréablement. Suppoſons un parallélograme rectangle *a b c d*, *Fig. III*, dont la longueur ſoit égale à la largeur *c d* de la Salle, & dont la hauteur *a c* & *b d* ſoit égale au $\frac{2}{3}$ de *c d*, ou à *q r*, *Fig. II*, ouverture du Théâtre qui eſt la même choſe. Si l'on diviſe ce parallelograme en deux également par une perpendiculaire *e f*, qui repréſente le milieu de la ſcène, en tirant du point *a*, *Fig. III*, place latérale la plus élevée, le rayon viſuel *a f*, il eſt aiſé de juger qu'à raiſon de ces rapports, l'angle *f a c* ſera de près de 40 degrés; & qu'ainſi en n'élevant pas les places latérales au-deſſus du plancher du Théâtre au-delà de la largeur de ſon ouverture, ou au-delà des $\frac{2}{3}$ de la largeur de la Salle, on ſera aſſuré que les objets ſcéniques ne ſeront point défigurés par de trop grands raccourcis.

Par la correſpondance de tous ces différens rapports, il eſt manifeſte qu'une Salle de Spectacles ſe trouveroit un compoſé de formes optiques & acouſtiques les plus propres à favoriſer les organes

organes de nos plaisirs, & qu'il résulteroit de leur enchaînement, de bien découvrir & de bien entendre de toutes parts, ce qui se passeroit ou se diroit sur le Théâtre.

Envain, au surplus, s'attacheroit-on à disposer en général un Théâtre comme nous venons de le dire, on n'en obtiendra tout l'effet desiré, qu'autant que ses différentes parties agiront de concert, & qu'elles concourront à faire valoir le son, à ne pas contrarier l'unité de ses renvois & sa libre circulation, eu égard aux observations physiques rapportées précédemment. Le plafond de la Salle conséquemment, au lieu d'offrir une surface plane & chargée d'ornemens en relief, doit être aussi, par les mêmes raisons, une portion de courbe elliptique toute unie, sans quoi les angles d'incidence réfléchiroient les renvois du son au hasard ; & l'essentiel, avons-nous prouvé, est de les concentrer pour le faire valoir ou le fortifier. Il convient encore de revêtir tout le pourtour d'une Salle de matieres sonores & élastiques, telles que de bois de menuiserie, parce que les corps durs sont connus pour n'avoir aucune vibration, pour répercuter le son séchement ou sans harmonie, & les corps mous pour l'absorber ou l'énerver. Que pourroit-on attendre en outre, après les remarques que nous avons faites sur les impressions que la voix reçoit de la part des corps environnans, si l'on admettoit dans la distribution d'une Salle, des angles vicieux, des ouvertures capables de l'absorber sans retour, ou bien des poteaux saillans ? ne résulteroit-il pas de toutes ces licences le plus grand désordre dans ses renvois, à en juger par leurs angles d'incidence & de réflexion ? Encore un coup, ce ne sera qu'autant que l'on se rendra attentif à toutes ces considérations, qu'on réussira à composer un Théâtre, où l'objet de sa destination se trouvera exactement rempli. Que l'on joigne ensuite à ces avantages capitaux une décoration d'Architecture de bon goût, & une distribution agréable, alors on dira avec Horace :

Omne tulit punctum, qui miscuit utile dulci.

Mais, peut-être objectera-t-on que les Salles de Spectacles n'auroient plus qu'une maniere d'être, & qu'il faudroit alors qu'à l'exemple des Théâtres des Anciens, toutes leurs formes se ressemblassent : pourquoi non ? seroit-ce donc un si grand mal de les réduire à un caractere propre à l'objet de leur destination, qui consiste à y bien voir & à y bien entendre ? Tout devant être subordonné à ces deux considérations essentielles dans l'exécution de ces édifices, dès qu'on seroit assuré d'y réussir, nous ne voyons pas pour quelle raison il seroit libre de compromettre à l'avenir les avantages que le Public en retireroit. Nous osons même avancer que s'il y avoit quelques Salles ordonnées suivant les regles que nous venons de prescrire, on éprouveroit une différence si notable avec les autres, sur-tout par rapport au soutien de la voix, à la netteté de ses articulations, aux plaisirs que l'on recevroit de l'uniformité de ses renvois, & à l'harmonie qui résulteroit de l'exécution, soit d'une ariette, soit d'un morceau important de musique, qu'on se dégoûteroit bientôt des Salles qui ne seroient pas distribuées ainsi. L'organe de la voix peut être consideré comme un instrument à corde & à vent, dont le vent fait la fonction de l'archet: or, de même que la figure d'un violon est reconnue pour ne point être arbitraire, & que l'on n'en recevroit pas à beaucoup près autant d'agrément, s'il étoit autrement modifié, ou si l'on s'avisoit de faire, par exemple, sa caisse, soit quarrée, soit triangulaire; de même aussi est-il à croire qu'il y a, pour faire valoir la voix, une forme privilégiée où elle doit produire plus d'effet, se trouver plus d'accord ou plus à l'unisson que dans d'autres ; & tout nous paroît concourir à prouver que c'est de la figure elliptique seule, dont il soit permis d'espérer tous ces avantages.

Ainsi, regle générale, pour apprécier une Salle de Spectacles quelconque d'après ce que nous venons de dire, il s'agit d'abord, par rapport à la vision, d'imaginer sur son plan, depuis sa plus grande largeur, des rayons visuels jusqu'au milieu du fond du Théâtre, & l'on jugera alors des obstacles qui pourroient se trouver à leur extension ; si les places sont convenablement disposées ; quelles seront les plus favorables ; quelles seront celles de souffrance ; & moins il y aura de ces dernieres, plus la distribution d'un Théâtre approchera de la perfection à cet égard.

Il est question ensuite, par rapport à l'ouie, d'imaginer semblablement du milieu de la scène, des lignes jusqu'à la rencontre du pourtour d'une Salle & de son plafond ; & en faisant attention à leurs angles d'incidence, on découvrira la maniere dont la voix se trouvera réfléchie. Si les renvois du son paroissent se faire, soit contre des corps durs qui n'aient pas d'élasticité, soit contre des corps mous ou qui ne soient pas sonores, soit sans unanimité, un à un, ou sans se soutenir réciproquement ; s'il s'en échappe par des ouvertures ; s'il s'en absorbe dans des enfoncemens ; si vous voyez dans son pourtour des poteaux saillans, des ornemens en relief, des ressauts multipliés, concluez à coup-sûr que la voix agira en désordre, que la netteté de ses articulations & son harmonie en souffriront, qu'elle paroîtra sourde ou énervée faute d'être soutenue, qu'il y aura en conséquence nombre de spectateurs qui perdront une partie de ce qui se dira sur la scène, & qu'en un mot on n'y entendra & on n'y verra pas aussi-bien qu'il seroit à désirer.

Après ces observations sur les dessins, faites mieux, transportez-vous pendant le Spectacle (1) successivement aux différentes places d'une pareille Salle, où nous supposons qu'on n'a point eu les égards nécessaires aux principes d'optique & d'accoustique, & vous y remarquerez sur-tout des diversités singulieres dans la maniere d'agir

(1) Nous disons pendant le Spectacle, par ce que tous les essais que l'on peut faire dans une Salle par rapport au son, ne sauroient qu'être illusoires, tant qu'elle n'est pas garnie d'auditeurs, dont les habillemens, par leur surface molle, amortissent toujours une partie des renvois.

du son. Ici, vous l'entendrez distinctement, à cause du voisinage de la scène & de sa force directe; là, sourdement, soit à cause de quelque ouverture prochaine où il s'engloutira, soit parce que la masse absorbante des spectateurs n'aura pas été répartie avec art : plus loin, la voix, faute d'être soutenue convenablement par le concert de ses renvois, vous semblera maigre & exténuée, ou bien vous serez obligé de deviner en partie ce qu'aura dit l'Acteur : & s'il est question de chant, pour peu que vous ayez l'oreille délicate, les vibrations des sons vous paroitront séches, déchiquetées, incohérentes, sans l'intimité nécessaire pour former des accords mélodieux, & leur harmonie vous laissera à désirer, à peu près comme il arrive de la part d'un instrument médiocre, quoique entre les mains d'un habile Musicien. Ailleurs les premiers bancs des loges latérales vous cacheront la vue de l'action théâtrale, ou bien il faudra vous tenir debout pour l'appercevoir; enfin, en vous transportant aux places les plus élevées proche du Théâtre, les objets scéniques vous paroîtront défigurés par rapport à la trop grande aiguité de l'angle de vue sous lequel vous les appercevrez, & les expressions du visage des Acteurs vous sembleront des convulsions ou des grimaces, à cauſe du trop grand raccourci. C'eſt ainſi que l'on viendra à bout de ſe convaincre, qu'il n'eſt permis d'eſpérer un plein ſuccès de l'exécution d'un pareil ouvrage, que de l'obſervation de nos regles.

Appliquons ce que nous venons d'établir à l'examen des Salles de Spectacles qui ont le plus de célébrité, en commençant même par le Théâtre antique; ce qui nous conduira à faire ſucceſſivement de nouvelles remarques qui nous mettront enſuite à portée de développer encore plus particuliérement nos vues, ſur ce qui doit conſtituer eſſentiellement la perfection de ces ſortes d'édifices.

EXAMEN DES PRINCIPAUX THÉATRES.

ARTICLE. I.

Du Théâtre des Anciens. Figure X.

Les Théâtres, ſoit Grecs, ſoit Romains, étoient tous de forme demi-circulaire, & conſtruits en pierre ou en marbre. Ils étoient compoſés de trois parties principales & diſtinctes, ſavoir le *proſcenium*, ou lieu pour la ſcène, le Théâtre, & l'Orcheſtre.

Le lieu de la ſcène avoit la forme d'un quarré long, & repréſentoit un endroit découvert, tel qu'un carrefour ou une place publique, dont le fond étoit terminé par une grande façade décorée de pluſieurs ordres d'Architecture. On y voyoit cinq entrées, dont trois étoient en face ſur une même ligne, & les deux autres en retour : l'entrée du milieu étoit toujours la plus grande, & ſervoit d'iſſue ſur la ſcène aux principaux perſonnages de la piece; celles à droite &

à gauche servoient aux personnages du second ordre; & enfin les deux autres places sur les aîles de la scène étoient destinées aux Acteurs que l'on supposoit arriver de dehors ou de la campagne.

Toutes les décorations étoient peintes sur les faces de plusieurs prismes triangulaires *n*, *n*, *Fig. X*, placés verticalement sur pivot, & distribués de part & d'autre sur les aîles de la scène : leurs variétés produisoient tous les changemens suivant la nature des pieces (1). Si l'action

(1) Tous les interpretes de Vitruve avoient répété jusqu'à nos jours, que ces prismes triangulaires devoient être placés au milieu des trois ouvertures étroites de la façade de la scène, & qu'ils suffisoient, malgré les désavantages de leur position & leur peu de liaison, à exprimer tous les changemens de décoration. Quoique personne n'ait jamais compris comment il pouvoit résulter quelque illusion d'un pareil arrangement, ni comment il étoit possible de représenter la vue d'un camp, d'une forêt, d'un naufrage, ou des changemens capables d'en imposer aux spectateurs, faute d'autre éclaircissement, on regardoit cela comme certain, & l'on paroissoit persuadé que les Anciens, malgré les dépenses immenses qu'ils faisoient pour leurs Spectacles, n'avoient jamais connu la magie des décorations théâtrales.

C'est à M. le Marquis de Galiani qu'on a l'obligation de nous avoir éclairés à ce sujet, dans les excellens Com-

devoit se passer devant un Palais, la façade fixe de la scène suffisoit, & il ne falloit que faire tourner les prismes triangulares du côté convenable pour représenter ses accompagnemens. Vou-

---

mentaires dont il a accompagné une nouvelle traduction Italienne de Vitruve, publiée à Naples il y a environ 20 ans. Il a prouvé que les prismes triangulaires, loin d'être placés, comme on l'avoit toujours cru, au milieu des trois portes principales de la scène, étoient tout au rebours distribués sur les aîles de cette scène; que le texte de Vitruve est formel à cet égard, & que l'opinion contraire ne s'est accréditée que parce que ses interpretes n'ont pas compris le vrai sens du passage en question. Comme cette traduction est peu répandue en France, & que la nouvelle explication de ce passage, en détruisant une erreur de cette conséquence, est capable de répandre le plus grand jour sur le jeu des décorations de la scène antique, nous croyons qu'on nous saura gré de le rapporter sommairement avec les remarques de M. le Marquis de Galiani.

Ipsæ autem scenæ suas habeant rationes explicatas ita, uti mediæ valvæ, ornatus habeant Aulæ Regiæ: dextera ac sinistra hospitalia: SECUNDUM autem ea spatia ad ornatus comparata. Quæ loca Greci PERIACTOUS dicunt ab eo, quod machinæ sunt in iis locis versatiles trigonos habentes ..... SECUNDUM ea loca versuræ sunt procurrentes, quæ efficiunt una à foro, altera à peregre aditus in scenam.

loit-on repréſenter un autre local, un camp, un payſage, une forêt ? on deſcendoit une toile du haut de la ſcène qui couvroit la façade en relief, & en tournant les priſmes, on offroit aux ſpec-

---

Perrault & les autres Commentateurs ont traduit ainſi cet endroit. » La ſcène doit être dégagée & diſpoſée de » ſorte qu'au milieu il y ait une porte ornée comme celle » d'un Palais Royal, & à droite & à gauche deux autres » portes pour les étrangers. *Derriere* ces ouvertures, on » placera les décorations que les Grecs appellent *pe-* » *riactous* à cauſe des machines faites en triangle qui » ſe tournent. . . . *Au delà* de cette face de la ſcène, on » doit faire les retours qui s'avancent, ayant deux autres » entrées, l'une par laquelle on vient de la place publi- » que, & l'autre par laquelle on arrive de la campagne » ſur la ſcène «.

Ce qui a fait prendre le change ſur la ſituation des chaſſis triangulaires, vient, ſuivant M. le Marquis de Galiani, de ce que l'on a toujours traduit le premier *ſecundum* par le mot derriere, tandis que l'on a au contraire traduit le ſecond *ſecundum* qui eſt dans le même cas, par le mot *auprès* ou *au-delà*. Ce ſont, ſuivant lui, ces différentes acceptions du même mot, qui ont occaſioné toute la confuſion, & ont empêché qu'on ait compris cet endroit. Il ne s'agit, dit-il, que de bien faire attention à la filiation de la deſcription de Vitruve, pour ſaiſir ſa penſée. Cet Auteur voulant décrire les parties de la ſcène, commence par celle du milieu : *mediæ valvæ ornatus*

tateurs les côtés en rapport avec la nouvelle décoration du fond. Par cette disposition, les flancs du *proscenium* étoient cachés ; & se trouvoient liés tout naturellement avec les tableaux de la scène, suivant qu'il s'agissoit de donner une Tragédie, une Comédie, ou une Pastorale. Quant aux Salles que l'on remarque derriere la scène, elles servoient de loges aux Acteurs pour s'habiller ou se reposer pendant les entre-actes.

Le Théâtre proprement dit étoit le lieu des-

---

habeant Aulæ Regiæ : delà il parle des entrées placées à droite & à gauche, *dextera ac sinistra hospitalia ;* ensuite il continue en disant, *secundum ea spacia adornatus comparata*, c'est-à-dire, non pas derriere ces portes, comme on l'a traduit jusqu'ici, mais auprès de ces portes ou en retour de ces portes, sont des espaces pour les décorations triangulaires tournant sur pivot : enfin Vitruve poursuivant sa description, la termine ainsi, *secundum ea loca versuræ sunt procurentes*, &c. Auprès de ces lieux sont des rues pour les Acteurs que l'on suppose arriver de dehors ou de la campagne sur la scène. En effet, cette explication paroît simple, naturelle : elle rend d'ailleurs intelligibles les changemens de décorations du Théâtre antique, au lieu que les anciennes interprétations les avoient rendus tout-à-fait invraisemblables. *Architettura di M. Vitruvio, colla traduzione Italiana & comenta d'el Marchese Galiani. Liv. V, Chapitre VII, page 192.*

tiné aux ſpectateurs, & non le département des Acteurs comme dans nos Salles de Spectacles. Il avoit communément la forme de deux demi-cercles concentriques de différens diametres, entre leſquels s'élevoient des gradins *p*, chacun de 15 ou 16 pouces de haut, ſur vingt-&-un pouces de large, leſquels étoient ſouvent terminés par une colonnade où ſe plaçoient d'ordinaire les femmes. Dans les plus grands Théâtres, il y avoit juſqu'à trois étages de gradins *p*, *p*, compoſés chacun de 7 ou 9 rangs, diviſés en deux ſens, d'abord dans leur hauteur par des paliers de ſéparations *r*, & enſuite dans leur circonférence par de petits eſcaliers particuliers *ſ* à chaque étage, placés non vis-à-vis les uns des autres, mais correſpondans au milieu de ceux de l'étage inférieur.

On diſtribuoit ſous les gradins de grands eſcaliers *t*, *t*, pour y arriver de toutes parts, dont les portes débouchoient ſur les paliers *r*, de ſorte que le peuple pouvoit aiſément entrer & ſortir ſans confuſion. Ces édifices étoient en outre environnés dans le bas, de portiques ſpacieux *u*, qui ſervoient à faciliter l'entrée & la ſortie du Spectacle, & en même temps à retirer le peuple, quand quelque orage interrompoit par haſard ſa repréſentation.

L'Orcheſtre étoit l'eſpace compris entre la ſcène & le pourtour inférieur du Théâtre, & participoit conſéquemment de la forme de l'un & de l'autre. On y arrivoit par ſept entrées *l*, *b*, *e*, *h*, *m*, *c*, *f* : ſon ſol étoit, chez les Romains, de 5 pieds plus bas que celui de la ſcène, & c'étoit le lieu où ſe plaçoient les perſonnes les plus diſtinguées ; mais chez les Grecs, il étoit de 10 pieds plus bas, vu qu'il ne ſervoit qu'aux muſiciens, aux pantomimes & aux danſeurs.

La *Figure* Xe rend ſenſible la diſtribution du Théâtre antique : elle eſt partagée en deux parties ; celle à droite repréſente la moitié de ſon plan au niveau du rez-de-chauſſée, avec les eſcaliers *t* qui conduiſent aux gradins *p*, les portiques *u* qui les précédent, & les différentes entrées *b*, *c*, *h*, dans l'orcheſtre : celle à gauche offre la moitié du plan de deux étages de gradins, ſéparés par un palier *r*, & couronnés par une galerie *q*.

Il y avoit des Théâtres qui contenoient juſqu'à 20 & 30 mille ſpectateurs aſſis, & dont l'orcheſtre avoit juſqu'à 120 pieds de diametre, de ſorte que les plus voiſins du milieu de la ſcène ſur les gradins en étoient quelquefois éloignés de plus de 60 pieds. Les Spectacles n'étoient pas journaliers : ils ſe donnoient *gratis*, toujours en plein jour, & ſeulement dans de certaines circonſtances. C'étoit le Gouvernement qui en faiſoit les frais, ou de riches particuliers qui deſiroient ſe rendre agréables au peuple, ſoit pendant leur magiſtrature, ſoit pour obtenir ſon ſuffrage lors des élections.

Ces édifices n'avoient pas de couvertures ſolides, ſi ce n'eſt, à ce que l'on croit (1), au-deſſus du *proſcenium*, & l'on ſe contentoit les jours des repréſentations, d'y étendre des voiles de vaiſſeaux, pour mettre les ſpectateurs à l'abri des ardeurs du ſoleil.

Pour tracer le Théâtre Romain, il s'agiſſoit, ſuivant Vitruve, de faire un cercle, dont le diametre étoit la grandeur du bas du Théâtre, & & d'inſcrire enſuite dans ce cercle quatre triangles équilatéraux, *a b c*, *d e f*, *g h i*, *k l m*, diſpoſés par intervalles égaux, en ſorte que de leur

(1) Dans des deſſins circonſtanciés que nous avons vu d'un Théâtre antique, élevé à Orange en Dauphiné, dont il ſubſiſte encore des ruines conſidérables, l'on diſtingue encore très-bien le long des murs du fond & des extrémités du lieu de la ſcène, le rampant du toit & les trous des ſolives qui couvroient cette partie.

angles ils touchassent sa circonférence, & la divisassent en 12 points. De ces points, il y en avoit sept, *l*, *b*, *e*, *h*, *m*, *c*, *f*, qui servoient à indiquer les entrées dans l'orchestre, & les cinq autres à regler la distribution de la scène. Le côté *g i*, du triangle *g h i*, déterminoit la profondeur de la scène & l'étendue de sa façade; son milieu *o* indiquoit la place de la porte royale, & la rencontre des deux côtés *d e* & *k m* des triangles *d e f* & *k l m* avec le côté *g i*, exprimoit le milieu des deux portes d'entrée pour les seconds personnages; les deux autres espaces *g l* & *i f*, à droite & à gauche de la scène, servoient d'entrée aux autres Acteurs; & en tirant une ligne *l f*, on avoit la séparation de l'orchestre & du *proscenium*. Par conséquent le diametre du demi-cercle du bas du Théâtre déterminoit l'ouverture du lieu de la scène, & lioit ensemble leurs plans.

Sans entrer dans l'examen des contradictions que plusieurs Savans ont cru remarquer entre les regles prescrites par Vitruve & la figure de plusieurs Théâtres, dont il subsiste encore des ruines, il nous suffit de remarquer, relativement au but que nous nous sommes proposé, les avantages & les inconvéniens qui pouvoient résulter en général

par

par rapport à la vision & à l'ouie, de leur disposition.

La forme concave des gradins qui s'élevoient sans cesse en s'évasant, facilitoit naturellement aux assistans de bien découvrir le lieu de la scène, sans pouvoir se nuire. Il n'y avoit de places de souffrance que celles qui étoient les plus latérales & voisines du mur de séparation du Théâtre & de la scène. Le point milieu de celle-ci étoit comme le centre des rayons visuels de tous les spectateurs. Cette disposition prêtoit évidemment à une belle décoration, en ce que le pourtour supérieur du Théâtre se trouvant libre, on étoit le maître de l'orner de colonnades, de portiques, & d'y déployer toutes les richesses de l'Architecture.

Comme on entroit aux Spectacles sans payer, les Théâtres étant conséquemment obligés d'être très-spacieux, les Anciens avoient choisi la forme demi-circulaire, comme la plus capable de remplir cet objet; & en effet, de toutes les figures d'un périmetre égal, le cercle renferme le plus d'espace. La distribution de places en gradins tenoit aussi aux usages de ces temps-là: on n'alloit point aux Spectacles à dessein de s'y faire remarquer particuliérement; les femmes n'étoient pas accoutumées à y donner le ton, & n'y occupoient pas les meilleures places. Chez les Romains, elles étoient toujours éloignées de la vue, & placées sous les galeries qui terminoient les gradins, & chez les Grecs, elles n'assistoient même à aucun Spectacle.

En considérant la vaste étendue de ces Théâtres, on doit être porté à croire qu'elle devoit mettre obstacle à ce que l'on distinguât les expressions du visage des Acteurs; la plupart des spectateurs étoient nécessairement trop éloignés du lieu de la scène pour en pouvoir juger, d'autant que les voiles de vaisseaux, qui servoient de couverture à ces édifices, devoient y repandre un peu d'obscurité: aussi les Anciens paroissoient-ils avoir renoncé à cet avantage, en donnant des masques à leurs Acteurs, ainsi que nous le dirons plus bas.

L'ouie étoit encore bien moins favorisée que la vue, par la forme & l'immensité de ces Théâtres. La disposition amphithéâtrale pouvoit contribuer, à la vérité, à diminuer dans le bas le volume d'air destiné à être mis en mouvement par la voix, & à la porter tout naturellement aux oreilles des auditeurs distribués sur les gradins; & le peu de profondeur de la scène pouvoit aussi favoriser son retour par la rencontre des surfaces dures du grand mur *g i*; mais, quand les gradins étoient garnis, les auditeurs offroient nécessairement une très-grande masse absorbante, capable de mettre obstacle aux renvois du son, sans compter que les voiles dont on couvroit ces édifices, ne contribuoient pas moins par leur surface molle à l'émousser & à nuire à sa réflexion ou répercution; par conséquent il n'y avoit rien à espérer que de sa force directe.

En vain croiroit-t-on qu'il fût possible de tirer quelques secours, pour renforcer la voix, du mur du fond des galeries *q* au-dessus des gradins; il étoit trop éloigné pour produire quelque effet, n'étant pas sur-tout revêtu de matieres sonores & élastiques; & puis, quand bien même ce mur eût procuré des renvois, les rayons d'un demi-cercle étant toujours perpendiculaires à sa circonférence, ils auroient conséquemment réfléchi vers la scène ou vers la bouche de l'Acteur; ce qui eût été peu avantageux pour les auditeurs. Aussi les Anciens, ne pouvant pas beaucoup compter sur des secours naturels de la part des renvois du son, avoient-ils eu recours à des moyens artificiels pour y suppléer.

Ils avoient imaginé de distribuer, de distance

en distance, de petites cellules, au milieu des divers étages de gradins, dans chacune desquelles ils plaçoient un corps sonore ou vase d'airain, assez ressemblant pour la forme à une cloche. Ces vases, dont on voit la figure & la situation représentées à part en *A*, sur la gauche de notre dessin, étoient isolés & soutenus dans une position inclinée par un coin de fer au milieu des cellules. Ils étoient proportionnés suivant de certains modes de musique, de maniere à sonner lorsqu'on les frappoit, soit à la tierce, soit à la quarte, soit à la quinte les uns des autres, & à produire tous les accords jusqu'à la double octave. Les cellules avoient au plus deux pieds en quarré, avec chacune une ouverture pratiquée entre les gradins & tournée vers la scène. C'étoit par-là que les rayons de la voix pénétroient dans ces cavités, d'où ils étoient en suite réfléchis avec force par la résonance des vases d'airain, dont les accords relatifs aux modes de musique la soutenoient, fixoient ses renvois, ou plutôt les enchaînoient, par une espece d'attraction entr'eux, au milieu des auditeurs.

Il est à croire qu'il y avoit une sorte de simpathie entre ces renvois, à peu près semblable à celle que l'on remarque entre deux cordes de luths différens, qui ſont voiſins dans une même chambre & à l'uniſſon ; on ſait qu'on ne ſauroit toucher l'une, que l'autre ne réſonne d'elle-même. Ne pourroit-on pas encore expliquer les effets qui réſultoient de ces vaſes d'airain, par ce qui arrive quelquefois dans la boutique d'un chaudronier, ou dans quelqu'autre endroit où il y a beaucoup de vaſes creux ? pour peu qu'on s'y rende attentif, on obſerve qu'en parlant d'un certain ton de voix, on entend réſonner d'elle-même quelque piece qui ſe trouve ſans doute à l'uniſſon avec le ton en queſtion, tandis que les autres reſtent en ſilence, & que, ſi l'on change de ton de voix, c'eſt au contraire une autre piece qui répond. C'étoit probablement le jeu de tous ces renvois que les Anciens avoient étudié, & qui étoit la baſe des ſecours artificiels, dont ils faiſoient uſage, pour fortifier & concentrer à la fois la voix des Acteurs dans leurs Théâtres.

Quoi qu'il en ſoit de ces conjectures, il y avoit, à ce qu'il paroît, beaucoup d'art à proportionner ces vaſes d'airain & à les diſtribuer au pourtour des gradins ; car Pline dit que de ſon temps, ils produiſoient un méchant effet. Nous ne ſommes pas aſſez inſtruits de la muſique des Anciens, pour apprécier à quel point ce moyen artificiel devoit augmenter la force du son; mais il falloit assurément qu'ils en tirassent des secours réels pour faciliter aux Acteurs de se faire entendre dans des lieux aussi vastes que leurs Théâtres, dépourvus de couverture solide, où il y avoit des spectateurs éloignés quelquefois jusqu'à 120 pieds de la scène, & où il régnoit enfin, malgré la police qui s'y exerçoit, une sorte de bourdonnement toujours inévitable de la part d'une multitude de peuple ainsi rassemblé, & pleine de gens souvent sans attention. L'extrême passion que l'on sait qu'ils avoient pour les jeux scéniques, doit faire présumer d'ailleurs qu'ils en recevoient du plaisir; or ce plaisir ne pouvant leur être en grande partie administré que par les oreilles, est-il probable qu'ils y auroient pris autant de goût, si en effet ils n'eussent pas entendus convenablement les pieces que l'on représentoit?

Les Grecs & les Romains tiroient également, à ce qu'on prétend, un grand parti des masques des Acteurs pour renforcer leur voix; car ils jouoient toujours masqués, & leurs masques, à la différence des nôtres qui ne couvrent que le visage, emboîtoient encore toute la tête

& même offroient des bouches excessivement larges & béantes : cette forme de masque a fait conjecturer avec beaucoup de vraisemblance qu'on y incrustoit des especes de cornets, qui contribuoient à augmenter la force de la voix. On lit dans la 51ème. *Epître* de Cassiodore, que la voix des Acteurs étoit tellement fortifiée par les concavités, qu'on avoit de la peine à croire qu'elle pût sortir de la poitrine d'un homme ; or, ces concavités ne pouvoient être que les vases d'airain & les cornets des masques (1).

(1) On a cru pendant long-temps que la déclamation théâtrale étoit partagée chez les Romains, & que l'Acteur qui gesticuloit n'étoit pas le même que celui qui récitoit. C'est à M. de Voltaire que l'on doit, d'avoir relevé dans ses *Questions sur l'Encyclopédie*, au mot *Chant*, la méprise de l'Abbé Dubos, qui, dans son ouvrage intitulé *Réflexions critiques sur la Poësie & la Peinture*, avoit accrédité cette opinion d'après le passage d'un Auteur ancien qu'il avoit mal interprété. Tite-Live, *Livre VII*, nous apprend, dit l'Abbé Dubos, qu'un Acteur nommé Andronicus s'étant enroué en chantant dans les intermedes, obtint qu'un autre chantât pour lui, tandis qu'il exécuteroit la danse, & que delà vint la coutume de partager les intermedes entre les danseurs & les chanteurs. *Dicitur cantum egisse magis vigente motu cum nihil vocis usus impediebat.* Ce qui signifie, il exprima le chant par

Quelque opinion, au surplus, que l'on ait des secours artificiels, à l'aide desquels les Anciens parvenoient à augmenter le volume de la voix dans leurs Théâtres, tout doit néanmoins porter à croire que leur immensité, sans couverture solide, devoit préjudicier au son : ils contenoient trop de monde pour que chacun pût jouir convenablement du Spectacle; on devoit y discerner fort mal les objets scéniques des places supérieures des gradins, à raison sur-tout de l'espece d'obscurité occasionnée par les voiles qui les couvroient; enfin, les vases d'airain distribués avec art pouvoient bien à la bonne heure renforcer la voix, lui donner plus de corps, augmenter son étendue, fixer ses renvois au milieu des auditeurs, mais favorisoient-ils également la netteté de ses articulations? n'en résultoit-il pas quelque retentissement ou redondance capable de la couvrir, ou de lui faire quelque tort? c'est ce dont il est, à ce que nous pensons, très-permis de douter.

---

la danse, *cantum egisse magis vigente motu*, avec des mouvemens plus vigoureux; mais il n'est là aucunement question que le récit de la piece ait été partagé entre un Acteur qui n'eût fait que gesticuler, & un autre qui n'eût fait que déclamer; la chose auroit été, comme l'observe avec raison M. de Voltaire, aussi ridicule qu'impraticable.

ARTICLE II.

Du Théâtre de Vicence, Fig. XI, Pl. II.

Cet édifice fut construit sur les dessins du célebre Palladio, en 1580, aux dépens de l'Académie dite *Olympique*, de la Ville de Vicence: son exécution a eu pour but de donner, lors de la renaissance des Sciences & des Arts en Europe, une idée des Spectacles dramatiques des Anciens; & l'on y représenta en effet successivement les principales pieces de Sophocle & d'Euripide, traduites en vers Italiens, lesquelles furent jouées alors par les Académiciens eux-mêmes. C'est encore sur ce Théâtre que fut donnée la représentation de la premiere Tragédie moderne réguliere, la *Sopronisbe* du Trissin, où se trouvent observées pour la premiere fois, les trois unités de temps, d'action & de lieu, qui ont servi depuis de base à toutes nos Pieces dramatiques. Ainsi l'exécution de cet édifice ne pouvoit avoir une origine plus remarquable. Aujourd'hui on y joue rarement, & il ne sert gueres qu'à donner des bals, ou quelques représentations passageres de Tragédie, & qu'à tenir les assemblées publiques de l'Académie, dont les Salles sont contiguës.

La composition de nos Théâtres modernes ne sauroit donner qu'une idée imparfaite de celui de Vicence. Il réunit les trois parties principales du Théâtre antique. Sa forme, au lieu d'être demi-circulaire, est seulement une demi-ovale coupée par le lieu de la scène, ou le bord du Théâtre, suivant notre maniere de parler actuelle. Les places pour les spectateurs sont aussi distribuées en gradins, & terminées par une colonnade d'ordre corinthien. Le lieu de la scène ou le Théâtre a 78 pieds & demi de longueur sur 21 pieds de largeur. Il représente l'entrée d'une Ville, précédée d'une place publique avec un superbe arc de triomphe en l'honneur d'Hercule, le plus grand des héros de l'antiquité. Toutes les statues de ce monument font allusion à ses vertus, & tous ses travaux y sont représentés dans des bas-reliefs.

La décoration de la scène est fixe, & n'est point susceptible de divers changemens, comme sur les autres Théâtres. On y voit sept rues, ornées de bâtimens publics & particuliers, dont les façades sont exécutées en relief & en perspective; ainsi un Prince sort effectivement d'un

Palais pour arriver sur la scène, un Prêtre d'un Temple, un Particulier de sa Maison; un Courier paroît arriver naturellement de dehors, pour apporter une nouvelle, en passant par une espece d'avenue d'arbres artificiels, placée sur un des flancs du Théâtre.

Le grand diametre du demi-ovale, jusqu'aux gradins les plus élevés de l'amphithéâtre, a 102 pieds de long, & celui du bas des gradins au niveau de l'orchestre a 56 pieds. Le petit demi-diametre a environ 40 pieds jusqu'au haut des gradins, & celui de l'orchestre a particuliérement 17 pieds & demi.

Les gradins sont au nombre de 14, & compris entre deux demi-ovales concentriques, espacés de 23 pieds. Ils sont couronnés dans leur pourtour supérieur par une colonnade corinthienne, décorée de niches, vers le milieu & les extrémités : les murs au pourtour de ces gradins, au lieu de suivre leur courbe, sont continués quarrement, & vers leurs angles il y a deux grands escaliers pour y arriver; enfin l'on entre dans l'orchestre par deux portes *f*, *f*, situées sous les gradins, vers leurs extrémités.

Cet édifice n'est pas construit à la légere, mais en pierres presque aussi belles que le marbre, à l'exception des gradins & des façades

des rues de la Ville qui sont en bois; il est aussi couvert par un toît en charpente, & terminé intérieurement par un plafond en menuiserie élevé d'environ 50 pieds au-dessus du sol du parquet, & qui offre une surface plane.

Nous n'insisterons pas davantage sur la description de cet édifice, dont la beauté de l'Architecture mérite toute l'attention des connoisseurs, & dont nous avons publié récemment tous les détails (1), pour servir de Supplément aux Œuvres de Palladio; ainsi on peut y avoir recours, & nous nous bornerons ici suivant notre but, à le considérer suivant ses rapports optiques & accoustiques.

Nous avons prouvé au commencement de cet Ouvrage, que c'étoit dans les principes de la vision & de l'ouie, mis en figures, qu'il falloit chercher quelle devoit être la meilleure disposition d'une Salle de Spectacles; nous avons observé encore que la voix se faisoit entendre, dans un air libre, plus loin dans la direction du canal d'où elle sort qu'en arriere ou que vers les côtés, & que la masse d'air qu'elle ébranle étant plu-

---

(1) Cet ouvrage est intitulé, *Description du Théâtre de Vicence*; & se vend à Paris, chez Guessier, Libraire, rue de la Harpe.

tôt de forme oblongue que barlongue, la figure la plus naturelle pour une Salle d'Auditoire, étoit d'être plus longue que large; car alors, avons-nous dit, la Salle participant davantage par sa forme avec la masse d'air mise en mouvement, la voix sera moins gênée, ses articulations seront nécessairement plus nettes, ses renvois agiront avec plus de concert, & seront plus susceptibles d'être soutenus ou de se fortifier avantageusement, sur-tout si son pourtour est garni de matieres sonores & élastiques, telles que de bois. Cela étant hors de doute, il est manifeste que la figure du Théatre de Vicence est précisément l'opposé de celle que nous avons démontré être la plus avantageuse au son. L'Amphithéâtre, ou le lieu des spectateurs, étant près de trois fois plus long que large, ne paroît-il pas à craindre que la force de retour de la voix de l'Acteur, en rencontrant trop tôt le mur du fond, ne domine sa force directe, ou du moins que celle-ci étant obligée à de grands efforts pour s'étendre vers les côtés, cette forme barlongue ne soit préjudiciable à la netteté de ses articulations?

S'il est vrai, comme nous l'avons aussi fait voir au commencement de notre Ouvrage, que le moyen d'augmenter la force du son est de le concentrer, de rassembler ses rayons & d'empêcher qu'il ne s'en échappe des portions qui l'affoiblissent; que doit-on penser encore des deux grands renfoncemens pratiqués à droite & à gauche derriere les colonnes isolées qui terminent les gradins de l'Amphithéâtre, & au fond desquels sont placés les escaliers? ne paroissent-ils pas déroger à ces principes, & faire tort à la voix, en interceptant la liberté de sa circulation vers ces endroits?

Ajoutons à cela que le contraste, entre la forme demi-ovale de la colonnade & la forme parallelograme des murs nus qui lui sont adossés, ne semble pas moins défavorable à l'unité des renvois du son; car leur réflexion ne pouvant s'opérer de la même maniere, contre chacune de ces différentes surfaces, il ne sauroit résulter de cette diversité qu'une complication désavantageuse, & il vaudroit mieux sans contredit, que les murs pourtours suivissent la courbe de la colonnade comme aux Théâtres antiques.

On ne doit compter pour rien l'effet qui pourroit résulter de la part des gradins, quoiqu'ils soient en bois : ils peuvent bien servir, à la vérité, à faire valoir la voix lorsqu'ils sont vacans, mais quand ils sont garnis de spectateurs, ils doivent offrir évidemment une masse absorbante, incapable de favoriser aucun retour ; ainsi il n'y en a à esperer que de la part des murs environnans de l'Amphithéâtre & de la façade de la scène, qui, étant dépourvus de matieres sonores & élastiques, ne sauroient renvoyer la voix que séchement & sans aucune harmonie ; de sorte qu'il n'y a gueres de secours à attendre que de la part du plafond, dont la surface plane ne sauroit même réfléchir les sons en les concentrant. Pour juger de la maniere dont peuvent s'opérer les renvois, il n'y a qu'à tirer du milieu *a*, de la scène tant de lignes que l'on voudra *a b*, *a d*, contre les murs pourtours, & l'on verra par les angles d'incidence & de réflexion, que *a b* sera réfléchi vers *c*, & que *a d* le sera vers *e* ; c'est-à-dire, que les renvois agiront au hasard de toutes parts & sans pouvoir être fortifiés par leur concours, comme il seroit à désirer.

Quoique la vue semble mieux favorisée que l'ouie par la forme demi-ovale, en ce qu'elle offre un plus grand front à la scène, & en ce que le spectateur se trouve placé le long de cette courbe coupée suivant le grand diametre, moins obliquement que si elle l'étoit suivant le petit ; néanmoins on n'a pu éviter un nombre de places de souffrance vers l'extrémité des grala scène & de l'orchestre; inconvénient au surplus qui est commun au Théâtre antique, & auquel il n'est gueres possible d'obvier, à moins de donner une largeur excessive à l'ouverture de la scène, ou à moins de laisser ces places vacantes.

Pour ce qui est des décorations fixes de la scène, quelque séduisantes qu'elles paroissent au premier abord, elles perdent beaucoup à la réflexion; les petits bâtimens qui ornent ces rues, quoique exprimés en relief & en perpective, ne sauroient avoir l'air naturel, ni produire toute l'illusion qu'on devoit en attendre lors des représentations des Pieces : car, outre qu'ils ne sont pas assez reculés de la grande façade du Théâtre pour autoriser la petitesse de leur proportion, les Acteurs en sortant de ces rues ou de leurs bâtimens ne sauroient jamais avoir de rapport, ni avec leur peu de largeur, ni avec l'élevation des maisons qui les bordent, ni avec celle de leurs colonnes, de leurs portes, de leurs croisées; ils doivent paroître des géants par comparaison.

De toutes ces observations, il résulte que quelque admirable que soit l'Architecture de cet édifice, il s'en faut bien que sa figure & sa distribution puissent être regardées comme un modele.

ARTICLE

ARTICLE III.

Du Théâtre de Parme, Fig. XII, Pl. II.

CET édifice fut exécuté vers l'an *1600*, dans le temps que la Maison Farnese étoit en possession de ce Duché. On ignore le nom de l'Architecte qui en a donné le dessein; tout ce qu'on sait, c'est que le Bernin y a mis la derniere main : on n'y joue plus depuis 1733, & il est aujourd'hui en très-mauvais état. Sa situation est au premier étage du Château Ducal : il a de longueur totale, y compris le grand escalier qui y conduit, environ 350 pieds, & de largeur, en dedans œuvre de ses murs, *96* pieds. On peut juger par son plan, qui est bien différent (1)

(1) Dans la collection des Plans de Théâtre publiées par M. Dumont, Ouvrage qui, par parenthese, n'est qu'une compilation faite sans choix & en grande partie sans exactitude, le plan du Théâtre de Parme est à peine reconnoissable, tant il y est défiguré. On ne voit que 13 entre-colonnes dans le pourtour au-dessus des gradins, tandis qu'il y en a 17 en exécution; ce qui rend la Salle plus courte d'un quart qu'elle n'est réellement. Tous les

de tous ceux qu'on a publié jusqu'ici, & dont nous garantissons la fidélité pour l'avoir mesuré nous-mêmes, de sa grandeur & de sa relation avec les autres Théâtres qui sont tous dessinés sur la même échelle.

L'ouverture du Théâtre n'est que de 36 pieds quarrés ; ce qui paroît avoir peu de rapport avec son étendue. La décoration de son frontispice consiste en un grand ordre corinthien, exécuté en bois & terminé par un attique, dont le plan fait différens mouvemens, & dont les entre-colonnemens sont ornés de deux rangs de niches.

La Salle, proprement dite, a 110 pieds de longueur, depuis le bord du Théâtre jusqu'au haut des gradins; longueur qui paroîtra sans doute excessive, eu égard à la portée ordinaire de la voix. Sa forme est toute opposée à celle du Théâtre précédent. Il paroît que, dans son origine, c'étoit une longue galerie, autour de laquelle on a distribué des décorations d'architecture en relief & en bois, pour y donner des fêtes & des Spectacles.

---

escaliers sont supprimés, & l'on a mis des pilastres au lieu de colonnes dans le frontispice du Théâtre. Le plan du Théâtre de Vicence n'est pas plus correct; la plupart des mesures en sont fausses, & la petite Ville ne s'y trouve point.

Quoi qu'il en soit, elle est composée de deux lignes paralelles réunies par un demi-cercle qui forme un portique en face du Théâtre, & elle est entourée de 14 gradins en bois, qui sont élevés sur un petit stylobate ou soubassement couronné par une balustrade, sur laquelle il y a, de distance en distance, des Génies avec des torches destinées à éclairer la Salle; lesquelles torches étant intermédiaires entre le lieu de la scène & les spectateurs placés sur les gradins, doivent en partie les éblouir, & même dérober à plusieurs la vue du Spectacle.

Ces gradins, auxquels on arrive par cinq escaliers, sont terminés par deux ordres d'Architecture élevés l'un au-dessus de l'autre, dont le premier est dorique & le second ionique : ils sont exécutés en bois peint de différens marbres, & leurs entre-colonnes sont décorées d'arcades, servant sur les côtés d'ouverture à des croisées, & formant des loges en face du Théâtre. Cette ordonnance est couronnée par une balustrade, avec des figures à-plomb des colonnes.

Attenant le frontispice du Théâtre, on apperçoit à droite & à gauche deux grands murs nus, avec des portes accompagnées chacune de deux colonnes ioniques, engagées & surmontées d'une figure équeſtre en demi-relief. Le plafond de la Salle eſt d'un parfait niveau d'un bout à l'autre, & compoſé de planches bien jointives : il a de hauteur, depuis le plancher du parquet, environ 60 pieds. En général, la décoration intérieure de cette Salle eſt d'un aſſez bon ſtyle d'Architecture, & ſon aſpect produit le plus grand effet.

On prétend que, dans ſon origine, le parquet, ou l'eſpace vuide entre les gradins & le Théâtre, avoit été deſtiné à ſervir de baſſin, pour donner dans l'occaſion de petites naumachies, des joûtes de lances & des eſpeces de feux d'artifice ſur l'eau, & qu'en conſéquence on avoit diſpoſé des tuyaux de conduite capables de pouvoir le remplir d'eau au beſoin, juſqu'à la hauteur de 4 à 5 pieds. Que cela ait été ou non, il n'eſt pas poſſible d'en juger maintenant, vu ſon mauvais état.

On a avancé qu'il pouvoit contenir juſqu'à 12000 perſonnes ; mais nous avons bien de la peine à croire qu'il ait pu renfermer ſeulement les deux tiers de ce nombre ; car la ſuperficie du lieu deſtiné pour les ſpectateurs compriſe entre tous ſes murs, n'eſt que de 10560 pieds quarrés, dont il fau déduire la place des eſcaliers, de l'orcheſtre & des reliefs ou des décorations de la Salle ; & en ajoutant, à ce qui reste, 2500 pieds de surface, quantité à laquelle nous évaluons les places des 2me & 3me étages en face du Théâtre, il s'ensuit qu'il est impossible que cet édifice ait pu contenir un pareil nombre d'auditeurs.

Son entrée principale est par un vestibule précédé d'un grand escalier à deux rampes. La charpente de son comble est très-estimée par la hardiesse de son exécution & par sa simplicité : les entraits des fermes ont près de 100 pieds de longueur, & sont composés de trois parties assemblées à trait de Jupiter, & liées par des embrassures de fer avec une solidité merveilleuse.

Il y a différentes opinions sur l'effet que produit la grandeur de cette Salle : les uns prétendent qu'on n'a cessé d'y représenter, que parce qu'elle est trop vaste pour qu'on pût y entendre les Acteurs ; les autres, & c'est le plus grand nombre, veulent que malgré son immensité, elle est au contraire tellement favorable au son, que des places les plus éloignées, il soit aisé d'entendre distinctement quelqu'un qui parle sur le bord du Théâtre. Comme cette derniere opinion s'est sur-tout accréditée, & que l'on cite sans cesse cet exemple pour prouver que l'on pourroit faire des Salles de Spectacles, qui, quoique très-spacieuses, seroient néanmoins incapables de préjudicier à la voix par leur étendue, nous croyons devoir entrer dans quelques détails à cet égard, pour apprécier laquelle des deux est la mieux fondée.

Plusieurs causes, suivant nous, paroissent devoir concourir à faire valoir le son dans cette Salle, quand on en fait par hasard l'essai, depuis qu'on a cessé d'y jouer.

La premiere est la disposition des places en gradins, qui, en diminuant le volume d'air du fond de la Salle vers le bas, doit favoriser conséquemment son extension naturelle vers ses parties supérieures.

La seconde vient du peu de largeur de l'ouverture du Théâtre, desorte que la voix, en sortant de ce lieu resserré, (sur-tout quand celui qui parle se tient sur le bord), pour passer dans un plus large, se trouvant bien soutenue par les côtés, acquiert de toute nécessité plus de force pour se porter vers le fond de la Salle où elle est dirigée.

La troisieme cause & la principale est le silence profond qui regne d'ordinaire, lorsque l'on fait des essais particuliers sur l'étendue de la voix dans cette Salle. Personne n'ignore qu'un Orateur se fait toujours beaucoup mieux entendre, quand il y a moins de monde pour l'écouter, & quand la Salle où il parle n'est pas meublée; car alors le son, au lieu de s'amortir comme il fait, en frappant des corps mous sans réaction, tels que les habits des spectateurs & les tapisseries, revient sur lui-même, & a la liberté de réfléchir sur toutes les surfaces environnantes, lesquelles contribuent à le faire valoir : par conséquent les essais particuliers que l'on fait maintenant sur ce Théâtre ne sauroient être qu'illusoires, & l'on n'en peut conclure les mêmes effets que quand on y jouoit des pieces. Car, dans ce dernier cas, les gradins, le parquet, les loges, au lieu de favoriser le son, offroient évidemment de toutes parts de grandes masses absorbantes, qui, en l'émoussant, amortissoient sa force & mettoient obstacle à la plus grande partie de sa réaction. De plus, est-ce qu'un aussi grand nombre de spectateurs renfermés dans un même lieu, malgré toute leur attention, n'occasione pas toujours une espece de bourdonnement inévitable, qui, en couvrant un peu la voix, l'empêche de se faire entendre aussi distinctement que dans un endroit vuide. Joignons à ces remarques, que le peu de saillie du Théâtre dans la Salle, avoit encore le désavantage de laisser perdre une partie de la voix de l'Acteur dans les premieres coulisses; & pour que cela n'arrivât pas, il auroit fallu de nécessité qu'il apportât la plus grande attention à parler continuellement sur le bord de la scène: attention aisée à avoir lors d'un essai, mais qui n'est pas praticable dans tout le cours d'une piece qui exige que les différens personnages avancent, reculent, varient leurs expressions, & fassent entr'eux différens mouvemens combinés, propres à faire valoir l'action dramatique.

Par toutes ces raisons, il nous semble que c'est avec justice qu'on a reproché à ce Théâtre d'être trop vaste. Le peu d'ouverture de la scène, comparée à la grande largeur de la Salle, privoit manifestement une partie des spectateurs de la vue du fond des décorations; & d'ailleurs le bord du Théâtre n'étant pas non plus assez avancé dans la Salle, la voix devoit se perdre de nécessité en partie dans les premieres coulisses. Comment se figurer encore que sa forme alongée au-delà de la portée ordinaire de la voix, & la surface plane de son plafond, pouvoient la faire valoir, ses murs sur-tout étant nus & dépourvus de matieres sonores & élastiques? Comme il n'y a pas d'effet sans cause, il est bien plus sûr d'apprécier cet édifice par nos principes : en tirant d'abord du fond des décorations des lignes *f f*, qui, en touchant de part & d'autre l'ouverture du Théâtre, s'étendent vers la Salle, on jugera de la multitude de ses places de souffrance ; & en imaginant ensuite du milieu *a* de la scène vers son pourtour d'autres lignes *a b*, *a d*, on se convaincra aussi par leurs renvois en *c* & *e*, que sa forme oblongue, les ressauts des ordres d'Architecture qui l'environnent, & les loges du fond dont les supports sont isolés, ne sauroient qu'être très-préjudiciables aux renvois, indépendamment des autres remarques que nous avons faites ci-devant.

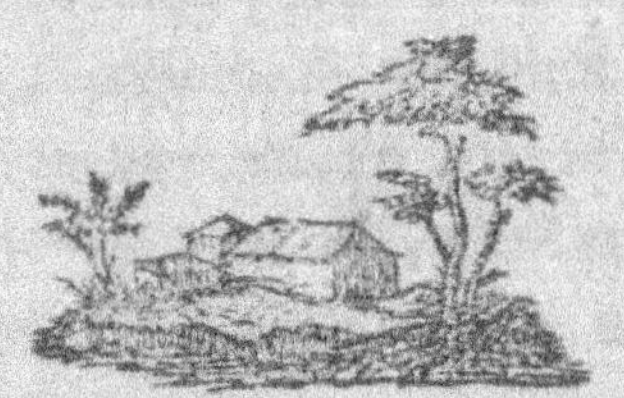

ARTICLE IV.

Du Théâtre de Naples, dit Saint Charles.
Fig. VIII, Pl. II.

Cet édifice est de tous les Théâtres modernes de l'Italie le plus remarquable par sa grandeur. Il n'a aucune ressemblance avec les précédens par sa forme & sa distribution. Son entrée est accompagnée d'une place, & précédée de trois escaliers à deux rampes qui conduisent à un long vestibule, & delà, soit au parquet, soit aux corridors des loges. Il a en totalité 270 pieds de long, sur à peu près 108 pieds de large : le parterre ou plutôt le parquet, car l'on est toujours assis en ces sortes d'endroits dans tous les Spectacles d'Italie, a 66 pieds de largeur jusqu'au devant des loges, sur à peu près autant de longueur depuis l'ouverture du Théâtre jusqu'à la loge du milieu qui est en face. Sa forme est celle d'une raquette ou soufflet, c'est-à-dire qu'elle offre la figure d'un demi-cercle, dont les côtés depuis les extrémités du diametre sont prolongés en ligne droite, & en se rapprochant de plus en plus jusqu'à l'ouverture du Théâtre.

On y compte six rangs de loges élevées d'à-plomb

l'un sur l'autre, & séparées par des cloisons dans toute leur hauteur avec des piliers sur le devant : lesquelles cloisons sont toutes dirigées vers la scene. Le premier rang forme la ceinture du parquet; & c'est au milieu du second rang, en face du Théâtre, qu'est placée la loge du Roi. Parmi les loges, il y en a 70 appartenant en propre aux principales familles de Naples, qui ne peuvent y renoncer sans la permission du Roi. Il y est d'usage, comme dans toutes les Salles de Spectacles de ce pays, de recevoir des visites dans les loges, d'y faire la conversation ou d'y jouer aux cartes. Le plafond offre une surface plane & de niveau dans toute son étendue : il est creux, construit en bois, & a d'élévation au-dessus du sol du parquet 66 pieds. L'ouverture du Théâtre a près de 50 pieds de largeur & de hauteur : il n'est pas précédé d'un avant-scène, & pour y suppléer on s'est contenté d'avancer son bord en portion circulaire vers la Salle. La longueur du Théâtre seule est de 114 pieds; & il y a vers le bout un escalier à rampe douce, pour introduire au besoin des chevaux sur la scène, comme lorsqu'il est question de combats, d'évolutions militaires, de pompes triomphales, &c.

Cette Salle passe pour être peu avantageuse à la voix à cause de son trop d'étendue. J'y ai vu représenter quelques Opéra, on n'y donne pas d'autres pieces, & je me rappelle que, quoique je ne fusse pas à l'extrémité du parquet, j'avois néanmoins de la peine à distinguer la plupart des voix : & en effet il y a au-delà de 80 pieds depuis le bord du Théâtre jusqu'au dernier rang des loges qui sont en face; c'est là son principal défaut; car la figure d'une raquette ne sauroit être par elle-même préjudiciable au son à un certain point; & quoiqu'elle n'ait pas la propriété de l'ellipse pour concentrer les renvois, cependant, à raison de ce qu'elle presse la voix par ses flancs en sortant de la bouche de l'Acteur, & de ce qu'elle est terminée par un demi-cercle, elle est capable de favoriser son retour vers le milieu du parquet, *c*, *g*, *e*; ainsi qu'il est aisé d'en juger par l'égalité des angles d'incidence & de réflection, des lignes, *a b*, *a d*, *a f*, tirées du milieu *a* de la scène contre son pourtour. Aussi, malgré son étendue, le chant y produiroit-il quelque effet, si son plafond n'étoit pas aussi excessivement élevé, & si, au lieu d'offrir une surface plane, il eût été disposé de maniere à fortifier par sa courbe les renvois du son, & si, en outre, le pourtour de la Salle n'étoit pas subdivisé dans toute sa hauteur par une multitude de loges bien fermées par les côtés, dans lesquelles la voix s'engouffre en détail & sans espérance de retour. C'est cette derniere raison qui nous a engagé principalement à considérer ci-devant les renvois contre le devant des loges, plutôt que contre les murs du fond, où ils sont nécessairement interceptés par les cloisons de séparation, & en même temps absorbés par la masse des spectateurs, quand elles sont remplies.

Un autre défaut qui nous paroît devoir encore résulter de l'excessive grandeur de cette Salle, c'est que les spectateurs placés dans les loges supérieures en face du Théâtre, sont de nécessité trop éloignés pour bien discerner l'action dramatique, & que la vue de ceux placés dans les loges les plus élevées proche le Théâtre, étant trop plongeante, à raison de sa trop grande élévation, ils doivent aussi appercevoir les objets scéniques trop en raccourci pour leur paroître agréables.

Enfin, si l'on tire, conséquemment à nos principes, des extrémités *h h* de la largeur de cette Salle, des rayons visuels *h i*, *h i*, jusqu'à la toile du fond des décorations, on s'appercevra qu'il y a un nombre de places de souffrance dans le fond des loges latérales, malgré la direction de leurs séparations vers la scène.

Il est à observer que notre dessein représente sur la gauche la moitié du plan du rez-de-chaussée de ce Théâtre, & sur la droite la moitié du plan au niveau de la loge du Roi.

ARTICLE V.

Du Théâtre de Turin, Figures XIV & XV, Planches II & III.

Il n'y a pas d'ouvrage en ce genre plus rénommé dans toute l'Italie. Il a été exécuté ſur les deſſeins du Comte Alfieri, proche le Palais du Roi de Sardaigne & de plain-pied à ſes appartemens. Sa longueur totale eſt de 228 pieds & ſa largeur de 108 pieds. La Salle, proprement dite, a la forme d'une ovale, dont un des bouts eſt évaſé & tronqué par l'avant-ſcène; & elle a depuis le bord du Théâtre, juſqu'au devant de la loge qui eſt en face, 57 pieds de longueur, ſur 49 pieds dans ſa plus grande largeur : elle eſt environnée de ſix étages de loges, chacune de *6* pieds de large ſur *6* pieds $\frac{1}{2}$ de haut, leſquelles ſont ſéparées par des poteaux ſur le devant & des cloiſons pleines, dirigées vers la ſcène. Comme les gens de l'art paroiſſent faire une eſtime particuliere de la figure de cette Salle, & que l'Auteur a publié lui-même les regles qu'il a ſuivies pour le tracer, nous croyons devoir les rapporter.

On a commencé, *Fig. XV*, par décrire une ovale ordinaire *a b c d*, par les centres *e*, *f*, *g*, *h*, en donnant à ses deux diametres *a b* & *c d*, la longueur & la largeur qui avoient été fixées pour la Salle entre les loges. On a ensuite déterminé le devant de l'avant-scène, en tronquant parallellement au petit diametre *c d*, un des bouts *b*, de l'ovale, d'environ la 13e partie du grand diametre *a b*; & comme depuis l'extrémité du petit diametre, la courbe de l'ovale rentre en dedans, & se rapproche sans cesse du grand, à dessein de faciliter la vue de la scène, on a évasé de part & d'autre la partie de l'ovale *c b d*, de la maniere suivante.

Après avoir tracé la profondeur des loges & la largeur des corridors par deux ovales concentriques à la précédente, du point *i*, rencontre du petit diametre *c d*, prolongé jusqu'aux murs du corridor, l'on a décrit l'arc *c l*, qui a coupé en *l*, la courbe de l'ovale du fond du corridor, & l'on a partagé cette portion de courbe *i l*, en 5 parties égales pour avoir 6 centres, *i*, *m*, *n*, *o*, *p*, *l*; ensuite on a divisé l'espace compris depuis le point *d*, extrémité du petit diametre de l'ovale du dedans de la Salle, jusqu'au point *q*, ouverture qui avoit été déterminée d'avance d'avance pour l'avant-scène en six parties égales, 1, 2, 3, 4, 5, 6. Enfin du point *i*, on a décrit la premiere portion 1; du point *m*, on a décrit la seconde portion 2; du point *n*, la portion 3; & ainsi de suite on est parvenu à tracer les deux côtés de la Salle, depuis les points *c* & *d*, jusqu'à l'avant-scène.

Quant à la tendance des cloisons de séparation des loges vers la scène, voici comme elle a été dirigée : du fond de la loge du Roi *r*, comme centre, on a fait passer par toutes les divisions des loges, marquées sur le contour intérieur de la Salle, autant de portions de cercle concentriques, *s t*, *s t*; lesquelles, ayant été continuées jusqu'à la rencontre du mur du fond des loges, ont donné successivement l'obliquité de toutes les séparations *t u*, *t u* : & afin d'empêcher que leur rencontre avec le devant des loges & les murs du fond, ne formât des angles aigus capables de corrompre le son, on a coupé aussi d'équerre ces angles par des lignes *r u*, *r t*, qui tendent toutes au centre de la loge du milieu, au fond de la Salle.

La loge du Roi est placée en face du Théâtre & au milieu du second rang : sa largeur est de 24 pieds; elle est décorée dans le fond de glaces qui répétent la scène ; & sa disposition est telle, qu'il est aisé de la diminuer ou de l'augmenter dans l'occasion, sans que ce changement puisse nuire à sa décoration.

La hauteur intérieure de cette Salle, à compter du sol du parquet jusqu'au dessous du plafond, est de 50 pieds, c'est-à-dire est presque égale à sa largeur prise dans son milieu du devant des loges. Le plafond est creux comme un tambour & exécuté en menuiserie assemblée comme un parquet : sa forme est une espece d'arc surbaissé suivant la largeur de la Salle, lequel a 5 pieds de montée, & dont le principal centre est à peu près vers le milieu du parquet. Cet arc se termine vers le fond, à l'opposite du Théâtre, en portion de calotte sphéroïdale. On y a peint sur toile à l'huile le mariage de Jupiter & de Junon, auquel assistent tous les Dieux de l'Olympe : & il auroit été sans doute plus avantageux aux renvois de la voix, que ce tableau eût été peint directement sur le bois, & plutôt à fresque qu'à l'huile.

Il y a sous l'orchestre une voûte plein-ceintre renversée *x*, *Fig. XV*, dont le but est d'augmenter l'harmonie des instrumens, aux extrémités de laquelle sont deux tuyaux qui debouchent sur le devant de la scène. C'est à cette espece de culasse que l'on attribue le grand effet de la plûpart des orchestres d'Italie.

L'ouverture du Théâtre, *Fig. XIV*, est de 40 pieds & sa profondeur de 105, sans compter une cour de 24 pieds qui est au fond, & sur laquelle on peut jetter au besoin une espece de pont-levis, pour donner plus d'étendue aux décorations, ou même tirer des feux d'artifice à découvert, sans aucun risque & sans crainte d'être incommodé par la fumée. On voit sur la droite au bout du Théâtre un escalier ovale à rampe douce, par lequel il est aisé de faire arriver des chevaux & des voitures sur la scène, quand le sujet des pieces l'exige.

L'avant-scène est richement ornée & décorée de 4 colonnes corinthiennes cannelées avec des loges dans leur intervalle : au milieu de son plafond particulier, il y a une grande ouverture par laquelle, avant & après le Spectacle, on descend un grand candelabre avec 12 torches. Il a été pratiqué, à ce qu'on prétend, dans cet endroit de préférence, tant pour ne point porter préjudice à la voix qui exige une parfaite union dans le plafond, & pour éviter de noircir ses peintures, que pour ne point incommoder les

Spectateurs des loges voisines de ce candelabre, ou qui se seroient trouvés à l'opposite dans la direction visuelle de la scène.

Comme cette Salle est précédée d'une place environnée de portiques, il est aisé d'y arriver de toutes parts à couvert & sans confusion. Sous toute l'étendue du parquet, il a été distribué un large porche en trois parties, dont l'une sert d'entrée pour les chaises à porteurs & les gens de pied, l'autre pour les voitures qui viennent avant le Spectacle pour ne s'en retourner qu'après, & la troisieme pour les voitures qui doivent s'en aller pendant la piece.

Nous avons représenté dans la *Fig. XIV*, deux moitiés du plan de cette Salle : celle à droite est prise au rez-de-chaussée du parquet, auquel on arrive par un très-grand escalier à deux rampes, qui est précédé par le portique dont il a été question ci-dessus ; & celle à gauche est prise au niveau de la loge du Roi, avec une partie de la gallerie par où il vient de son Château au Spectacle. Pour ce qui est des autres Salles distribuées sur la gauche de notre dessin, au-dessus des portiques du rez-de-chaussée qui environnent la place, elles servent de Salles d'assemblée aux Directeurs, de foyers, & de loges pour les Acteurs.

Ce Théâtre ayant plus de rapport que les précédens, par sa forme & par son étendue, avec la masse d'air que la voix met en mouvement, passe aussi pour être plus favorable à son harmonie & à ses renvois. Sa figure n'est pas à la vérité elliptique, & quand elle le seroit, le lieu de la scène ne se trouvant pas placé à l'un des foyers, les sons ne pourroient être réfléchis uniformément ; mais, à raison de ce que sa courbe vers le bout opposé, a de l'approximation avec celle de l'ellipse, il s'ensuit qu'il y a plusieurs de ses renvois qui doivent coincider vers des points communs, ainsi qu'on en peut juger par les lignes *a b*, *a d*, *a f*, tirées du milieu *a* de la scène contre le pourtour de la Salle, & dont celles *a b*, & *a f*, réfléchissent conjointement en *e* : ajoutez que la figure du plafond participant aussi de la courbe elliptique, & n'ayant pas d'ouverture dans le milieu, ni de loges pratiquées dans sa naissance, concentre nécessairement une partie des rayons du son, les soutient, & les fortifie. C'est à cela, sans contredit, qu'on doit attribuer la réputation qu'a cette Salle d'être plus favoble à l'harmonie que toutes les autres d'Italie : & elle le seroit manifestement encore davantage, s'il n'y avoit pas de loges sur l'avant-scène qui abſorbent une partie de la voix dès ſon débouchement ; & ſi cette Salle, relativement à l'étiquette de ce pays, n'étoit pas bordée d'une multitude de petites loges avec des ſéparations dans toute leur hauteur : rien, comme nous l'avons dejà obſervé à l'occaſion du même défaut dans le Théâtre précédent, n'étant plus capable de préjudicier au ſon & à ſa libre circulation. Quant à la vue des décorations, en tirant de ſa plus grande largeur *g g*, des rayons juſqu'à la toile *h*, on jugera aiſément qu'il n'y a pas moins d'obſtacles qu'au Théâtre de Naples, pour les appercevoir du fond des loges latérales.

ARTICLE VI.

Du Théâtre de Milan, Fig. XVI, Pl. III.

CETTE Salle est une des plus anciennes de l'Italie, & sa distribution est bien inférieure aux deux précédentes (1) : sa longueur est d'environ 70 pieds & sa largeur de 48 pieds. Sa figure ressemble à celle des anciennes ruelles allongées qui ont été si long-temps en vogue en France ; elle est composée de deux lignes droites qui s'écartent un peu en s'avançant vers le Théâtre, & qui sont terminées dans le fond par un anse de panier. On y voit cinq rangs de loges élevées d'aplomb l'une au-dessus de l'autre, & séparées à l'ordinaire par des cloisons dirigées vers la scène. On observera dans ce plan, comme une singularité sans exemple, des contre-loges ou petites chambres correspondantes à chaque loge de l'autre côté du corridor. Elles sont destinées à faire la conversation, à jouer & à recevoir des

(1) Je crois que ce Théâtre ne subsiste plus tel qu'il est ici représenté, qu'il a été incendié & rebâti depuis quelques temps sur un autre dessin.

visites pendant le Spectacle, de forte que la plûpart des loges paroissent vacantes d'ordinaire, excepté lors des endroits intéressans d'une piéce, ou au moment de quelque arriette. Le plafond de la Salle offre une surface plane, & est environné d'une corniche peinte. Il n'y a pas d'avant-scène; l'ouverture du Théâtre est de 40 pieds & décorée de deux colonnes de chaque côté.

Il seroit inutile de nous étendre davantage sur la description de cette Salle, & de répéter ce que nous avons dit des inconvéniens qui résultent de cette multitude de petites cellules dont elle est environnée. En tirant des lignes *a b*, *a c*, *a d*, du milieu de la scène *a*, contre son pourtour, on s'appercevra aisément de l'irrégularité des renvois qui ne sauroient s'opérer de toutes parts que l'un après l'autre, & qu'il y a peu de figures aussi mal disposées à tous égards pour les favoriser.

ARTICLE VII.

Du Théâtre d'Argentine, Fig. XVII, Pl. III.

ON compte à Rome jusqu'à huit Salles de Spectacles, tant pour l'Opéra que pour la Comédie, sur lesquelles on ne joue que pendant le carnaval.

Les plus considérables sont celles d'Alberti, de Tordinone & d'Argentine. En général elles n'ont rien de recommandable, soit par leur distribution, soit par leurs dégagemens ; & leur différence ne consiste gueres que dans leur étendue & leur figure qui est plus ou moins allongée ou évasée.

Nous avons choisi le Théâtre d'Argentine où l'on ne donne que des Opéra, comme étant celui qui passe pour le plus agréable. Il comprend avec ses accessoires environ 74 pieds de largeur sur près de 200 pieds de longueur. La Salle a particulierement 50 pieds de largeur jusqu'au fond des loges, & à peu près autant en longueur depuis le bord du Théâtre jusqu'au fond de la loge du milieu qui est à l'opposite. Sa figure est celle d'une raquette ou d'un fer-à-cheval, comme au

Théâtre de Naples. On y voit semblablement six étages de loges élevées à plomb & séparées par des cloisons avec des poteaux sur le devant à l'ordinaire : le plafond offre aussi une surface plane par dessous & est élevé de 43 pieds au-dessus du plancher du parquet : il y a au milieu une ouverture, par laquelle on fait monter & descendre un grand candelabre, pour éclairer la Salle jusqu'à ce que la toile soit levée.

L'ouverture du Théâtre est de 39 pieds; elle est décorée de chaque côté d'une espece de cariatide en forme de guaine, portant un chapiteau ionique avec une corniche architravée sur laquelle s'éleve une console en enroulement. Il n'y a pas d'avant-scène, & le bord du Théâtre excede à peine son ouverture. On se plaint qu'on n'entend pas bien dans cette Salle, & qu'il n'y a gueres que les voix de tenore, & que quelques voix hautes de castrats dont les sons parviennent jusqu'au fond (1); inconvenient qu'on ne sauroit imputer principalement qu'au peu de saillie du Théâtre, laquelle permet à la voix de refluer dans les premieres coulisses, qu'à la forme du pla-

(1) *Voyage d'un François en Italie*, *Tome V*, *page* 181.

fond, qu'à la disposition des loges qui met obstacle à sa libre circulation, & qu'à la figure en raquette qui renvoie les rayons *a b*, *a c*, *a d*, tirés du milieu de la scène *a*, irrégulierement dans le parquet. Ainsi la plûpart des observations, que nous avons faites sur le Théâtre de Naples, peuvent également s'appliquer à celui-ci.

ARTICLE VIII.

Du Théâtre de Bologne en Italie, Fig. XVIII, Planche III.

L'ANCIEN Théâtre de cette Ville ayant été incendié, celui-ci fut rebâti à la même place, il y a environ douze ans, sur les dessins d'Antoine Galli, fils de Ferdinand Galli Bibienne, qui étoit un des plus grands décorateurs de son temps : c'est un des plus vastes édifices en ce genre, & un des mieux distribués de tous ceux d'Italie. Sa longueur totale est de près de deux cents pieds sur quatre-vingt pieds de largeur. La Salle, proprement dite, est longue de soixante-quatre pieds, & large de cinquante-quatre jusqu'au devant des loges. Ses côtés vont en s'évasant à mesure qu'ils s'approchent de la scène, & sont terminés dans le fond par un demi-cercle : l'on remarque dans son pourtour cinq rangs de loges, élevés à-plomb les uns des autres. Les deux premiers rangs sont faits en arcades, chacune de six pieds de large, avec imposte & archivolte : le troisieme & le quatrieme forment des plate-bandes d'un pilier à l'autre ; & chaque loge du cinquieme rang fait lunette dans le plafond. Toutes les devantures de ces loges, à l'exception de celles du cinquieme rang, sont ornées de balustres, & leurs cloisons tendent vers la scène. Les séparations des loges sont décorées de quatre petits ordres d'architecture de huit pieds de hauteur, élevés l'un au-dessus de l'autre.

Le plafond offre une voûte en anse de panier, de sept pieds de montée. Sa construction, ainsi que celle de toutes les loges, de tous les corridors & même de l'avant-scène dont il sera question ci-après, a été opérée entiérement, soit en pierres soit en briques, à dessein d'obvier aux accidens du feu, dont la précédente Salle avoit été la victime.

On entre dans le parquet par trois portes accompagnées chacune de deux petites colonnes engagées. Il y a dans son pourtour deux rangs de gradins qui sont interrompus par les entrées, & dont le supérieur est bordé particulierement par une balustrade, ainsi qu'il est aisé de le distinguer dans notre dessin, dont la partie à gauche représente le plan au niveau du parquet, & celle à droite le plan à la hauteur des premieres loges.

L'élévation de la Salle, jusques sous le plafond, est de près de 60 pieds. L'avant-scène a 45 pieds de largeur sur autant de hauteur; elle est préparée par deux portions circulaires avec chacune une niche, qui forment sa réunion avec la Salle : sa décoration consiste en quatre colonnes corinthiennes, portées sur un piédestal, & dont les intervalles sont remplis par des loges.

Ce Théâtre peut, dit-on, contenir 800 personnes assises dans le parquet, & autant dans les loges : son entrée est par un très-grand vestibule vouté qui conduit, soit au parquet, soit aux escaliers des loges, soit aux différens corridors, & qui est précédé de portiques en colonnade, sous lesquels les domestiques peuvent attendre leurs maîtres à couvert.

Sans nous arrêter à l'examen particulier de la dristribution de cette Salle, nous nous bornerons à remarquer que sa décoration, en offrant une multitude de petits pilastres d'architecture l'un au-dessus des autres, & autant de petites arcades que de loges, doit nécessairement paroître mesquine & peu agréable; que leurs cloisons de séparation, bien que tendant vers le lieu de la scène, doivent nuire aux places du fond des loges & surtout à la réaction du son; que sa forme générale n'est aucunement propre à favoriser la voix; & qu'enfin sa construction toute en pierres & en briques, l'empêche nécessairement d'être sonore. Aussi tous ceux qui y ont vu représenter, se plaignent-ils qu'elle est sourde, sans aucune harmonie & qu'on y entend très-difficilement : ce qui est sans contredit un défaut des plus essentiels dans un édifice de ce genre. Si l'on tire du milieu de l'avant-scène, suivant notre regle, des lignes *a b*, *a c*, *a d*, contre le pourtour de cette Salle, on jugera de la maniere dont s'operent les renvois du son.

On fait le même reproche au Théâtre, dit la *Pergola*, à Florence, qui a été aussi bâti en briques pour obvier aux accidens du feu. Il est précédé de deux pieces, servant de Salles de jeu pour ceux qui ne se soucient pas du Spectacle, ou qui aiment mieux jouer ou voir jouer. Sa forme est celle d'un œuf tronqué : elle a quatre rangs de loges à plomb les uns des autres ; & sa décoration consiste en quelques ornemens en grisaille, peints sur un enduit fort léger. Après ces deux exemples, quelque avantageuses que soient les constructions en briques pour mettre les Salles de Spectacles à l'abri du feu, nous ne croyons pas qu'on soit désormais tenté de les bâtir ainsi.

ARTICLE IX.

Du Théâtre de Manheim, Fig. XIX, Pl. III.

Le grand Théâtre de Manheim est un des plus magnifiques de l'Allemagne, & a été exécuté sur les dessins d'Alexandre Bibienne, premier Architecte de l'Electeur Palatin. Il a environ 180 pieds de long, sans comprendre son vestibule, sur à peu près 60 pieds de large. Le Théâtre seul a 96 pieds, & l'on apperçoit à son extrémité, entre les loges des Acteurs, un grand escalier pour les chevaux que l'on introduit quelquefois sur la scène.

La Salle offre, par son plan, au niveau du parquet & de la loge de l'Electeur, la figure d'une cloche; c'est-à-dire qu'elle est terminée de part & d'autre par deux courbes qui vont en s'évasant à mesure qu'elles approchent du Théâtre, &, dans le fond par une portion circulaire.

Le parquet a 43 pieds de long, depuis l'extrémité de la Salle jusqu'à la scène, sur 26 pieds de large vers son milieu; & il est bordé d'un rang de loges.

de loges. Quant à l'autre moitié de la figure sur la droite, elle fait voir le plan de la Salle à la hauteur du second rang de loges, lequel est élevé en retraite sur le précédent, & présente en totalité une forme oblongue terminée à l'opposé du Théâtre par une anse de panier; la longueur de la Salle, à ce niveau, est de 54 pieds, & sa largeur est de 42. Cette retraite forme un amphithéâtre pour les Seigneurs les plus distingués de la Cour, & pour la loge électorale qui est au milieu en face de la scène, & soutenue par deux caryatides: les loges adossées à cet amphithéâtre sont destinées aux principales Dames de la Cour; enfin, au-dessus de ce second rang, il y en a quatre autres qui s'élévent tous d'à-plomb, l'un au-dessus de l'autre. Chaque loge n'est pas séparée, comme en Italie, par des cloisons dans toute leur hauteur, mais seulement par des appuis avec des piliers sur le devant, ornés de consoles. Il est à observer que toutes les loges placées en face du Théâtre, le long de la portion circulaire au fond de la Salle, sont d'un même niveau; mais que celles qui sont sur les côtés ont de particulier, dans leur disposition, que chacune fait un ressaut d'environ 5 pouces, tant en plan qu'en élévation, sur celle qui la précede du côté de la scène ; disposition dont on trouve quelques exemples en Italie, entr'autres aux Théâtres de Reggio & de Padoue, & qui a pour but de favoriser la vue de la scène, mais qui nuit singuliérement à l'agrément de la décoration de la Salle, & à la libre circulation du son, en offrant de toutes parts des ressauts.

Toutes les devantures des loges sont ornées, soit de balustres, soit d'entrelas, en demi-relief. Le plafond de la Salle est de niveau & élevé de 54 pieds au-dessus du parquet : il y a dans le milieu une trappe que l'on ouvre à volonté pour donner passage à un grand candelabre chargé de 18 torches ou flambeaux, servant à éclairer la Salle jusqu'au moment où on leve la toile ; car on le fait disparoître alors, & elle n'est plus éclairée que par la réverberation d'environ 1200 bougies qui illuminent d'ordinaire le Théâtre.

La façade de la scène est décorée d'un ordre composite de la plus grande richesse & surmontée d'une espece d'attique surchargé d'ornemens, de consoles & de médaillons, avec les armes de l'Electeur au milieu. Le bord du Théâtre affleure son ouverture qui n'est que d'environ 30 pieds quarrés : le reste de la Salle répond à la magnificence de ſon frontiſpice : elle eſt peinte en blanc ; tous ſes ornemens & ſes moulures ſont de relief & rehauſſés en or. Elle peut contenir environ 2000 Spectateurs, & on n'y repréſente que des Opéra Italiens aux frais de l'Electeur, pendant le carnaval & les jours de gala.

Le plan de cette Salle eſt aſſez bien diſtribué ; l'amphithéâtre, qui accompagne la loge de l'Electeur, eſt heureuſement diſpoſé, & les eſcaliers à deux rampes, pour arriver aux loges, ſont bien placés. Son principal défaut eſt d'être privé d'une avant-ſcène qui renvoie le ſon vers les auditeurs, & d'avoir auſſi une ouverture de Théâtre trop étroite eu égard à ſa largeur ; d'où il réſulte que, de la plupart des places latérales, on apperçoit très-difficilement les décorations, & que la voix des Acteurs ſe perd le plus ſouvent dans les premieres couliſſes. On voit, par l'incidence des rayons *a b*, *a c*, *a d*, tirés depuis le milieu de la ſcène *a*, vers ſon pourtour, qu'ils ſe réfléchiſſent pour la plupart vers la loge de l'Electeur, plutôt qu'au milieu du parquet ; mais leurs renvois ne ſauroient être manifeſtement qu'imparfaits, à cauſe des piliers placés au-devant des loges, des reſſauts de leurs devantures, de la multitude de baluſtres & d'ornemens en relief répandus de toutes parts; ce qui doit déchiqueter le ſon, interrompre ſa circulation, & préjudicier, également comme la ſurface plane de ſon plafond au concert des renvois.

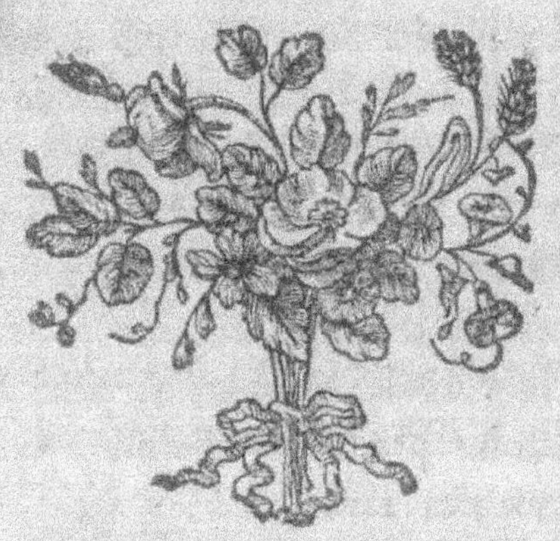

ARTICLE X.

Du Théâtre Royal de Berlin. Fig. XX, Pl. III.

CET édifice est situé dans le quartier de la Ville-neuve, en face du Palais du Prince Henri, dans un parfait isolement. Sa forme générale offre un paralellograme de 180 pieds de long sur près de *66* pieds de large. Il est décoré en dehors d'un ordre ionique de 3 pieds de diametre, élevé sur une espece de soubassement rustique. L'entrée principale s'annonce par un péristile soutenu de six colonnes ioniques avec des niches dans leur intervalle, & terminé par un fronton orné d'un bas-relief, représentant Apollon accompagné des Muses ; on lit au-dessous dans la frise en lettres dor, *Apollini & Musis.* On arrive dans ce péristile par deux grands escaliers extérieurs placés vers ses extrémités. Delà on entre dans une très-grande Salle décorée de caryatides, d'où l'on communique, soit dans les corridors, soit dans la loge de la Reine, soit aux différens escaliers des loges. Le dessous de cette Salle est divisé en trois parties, dont celle du milieu sert de passage pour aller au parquet, ainsi qu'aux loges qui l'environnent, & dont les deux autres servent de café & de corps-de-garde.

Le parquet a 28 pieds de large sur 31 pieds de long jusqu'à l'orchestre. Il est partagé en deux parties par une cloison : la plus près de la scène est destinée pour la Noblesse, c'est-là où le Roi se place d'ordinaire ; & la plus éloignée est pour le peuple. Sa forme générale est un demi-cercle dont les côtés vont en s'évasant vers la scène & se réunissent avec elle par une portion circulaire.

Cette Salle est décorée de trois rangs de loges, chacun d'environ 8 pieds de haut, y compris celui qui entoure le parquet. Ces loges sont séparées par des poteaux en saillie sur le devant, & sur les côtés par des cloisons à hauteur d'appui seulement : c'est au milieu du second rang, en face du Théâtre, qu'est placée la loge de la Reine.

L'avant-scène est décorée de pilastres corinthiens, dont la corniche regne au pourtour de la Salle, & reçoit la retombée du plafond qui est plat & terminé vers ses extrémités par une voussure. Il y a des deux côtés de l'orchestre, deux especes de loges qui s'étendent jusques sous le Théâtre, & servent à placer les timballes & les trompettes qui sonnent lors de l'arrivée du Roi au spectacle. Le Théâtre est vaste & d'une largeur convenable pour faciliter tous les changemens de décoration. On y voit, de part & d'autre, des poteaux ronds servant à porter les ponts pour le service des machines, & dans le fond les foyers & les loges des Acteurs.

Outre l'entrée principale de ce Théâtre, il y en a deux autres; l'une située à droite, précédée d'une place accompagnée en dehors de deux grands escaliers qui conduisent aux premieres loges; l'autre à gauche dans le soubassement introduit au parquet; & c'est par-là que le Roi vient d'ordinaire au Spectacle.

Tout le corps de la Salle est bâti en charpente & en menuiserie, ainsi elle doit être sonore: à raison de son peu d'étendue, le son y doit produire beaucoup d'effet; & il en produiroit nécessairement encore plus sans les poteaux placés sur le devant des loges, qui préjudicient à sa réaction. Son plafond passe pour n'être pas assez élevé; & l'on prétend qu'on en a usé ainsi, à dessein de favoriser la voix des Castrats, & pour rendre ses renvois plus sensibles. L'ouverture du Théâtre est aussi un peu étroite, eu égard à la largeur de la Salle., de sorte que jusqu'à la troisieme loge de part & d'autre, on doit avoir de la peine à découvrir les décorations du fond du théâtre. Nous avons tiré quelques lignes du milieu de la scène *a* vers le pourtour de cette Salle, pour prouver qu'il y a à esperer quelques accords dans ses renvois.

On ne représente sur ce théâtre que des Opéra Italiens en hiver & pendant le carnaval : quelquefois aussi on y donne des bals, en élevant le parquet à la hauteur du théâtre, & l'on place alors une balustrade vis-à-vis de son ouverture, ce qui fait proprement deux Salles de bal : la partie du théâtre sert pour les divertissemens du peuple, & l'autre est destinée à la Noblesse ou aux personnes de distinction, qui ont seules le privilége de se déguiser en *domino*.

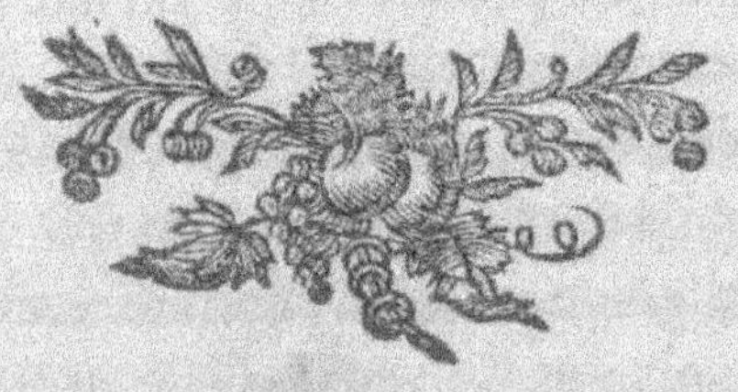

ARTICLE XI.

De l'ancien Théâtre de l'Opéra de Paris,
Figures XXI & XXII, Planche III.

Les Spectacles ne furent pendant long-temps représentés en France que dans des especes de galeries & dans des jeux de paulme, où l'on élevoit à l'un des bouts un Théâtre, & au pourtour des murs divers étages de loges placées les unes au-dessus des autres, & séparées dans toute leur hauteur par des cloisons, avec des poteaux sur le devant : ainsi la forme de leur plan étoit longue & étroite, & consistoit en deux lignes paralleles, soit retournées d'équerre vers le bout opposé à la scène, soit réunies par une portion circulaire. On sait que c'est dans de pareilles Salles qu'ont été représentés les chef-d'œuvres des Moliere, des Corneille, des Racine & des Quinault. En vain s'étoit-on apperçu, de tout temps, des inconvéniens de ces ruelles alongées, combien elles faisoient de tort à la voix ou au chant, & combien elles préjudicioient à la vue du spectacle ; on s'y étoit en quelque sorte habitué, & il s'étoit écoulé plus d'un siecle avant qu'on eût songé à y remédier.

Les freres Slotz, Architectes & Décorateurs des Menus-Plaisirs du Roi, furent les premiers qui s'aviserent d'ôter les poteaux & les cloisons de séparation des loges, à la Salle provisoire qu'ils exécuterent dans le Manége des Ecuries de Versailles, à l'occasion des Fêtes données en 1745 pour le premier mariage de feu Monseigneur le Dauphin, pere du Roi. Cette nouveauté ayant été beaucoup applaudie, à cause des avantages qu'elle procuroit aux spectateurs, fut employée ensuite à plusieurs Salles nouvelles : on abandonna insensiblement les cloisons & les poteaux de séparation des loges, & à l'exemple des Théâtres d'Italie, on adopta des formes circulaires, ovales, en fer à cheval, comme étant plus capables par leur concavité, non-seulement de favoriser le son, mais encore d'offrir un ensemble plus agréable & de meilleur goût.

L'incendie de l'Opéra de Paris en 1763, ayant donné lieu à sa reconstruction, M. Moreau, Architecte du Roi & de la Ville, chargé de cet important ouvrage, s'appliqua à faire disparoître la plupart des défauts qu'on reprochoit à nos anciens Théâtres, en mettant à profit toutes les observations, qui avoient été faites jusques-là, sur ce qui pouvoit contribuer à leur perfection.

Ce Théâtre, dont on fit l'ouverture le 26 Janvier 1770, & qui a été incendié de nouveau le 8 Juin 1781, faisoit partie du Palais Royal, & occupoit un emplacement de 180 pieds de long, depuis son entrée dans la rue Saint-Honoré jusqu'à la Cour des Fontaines, sur à peu près 92 pieds de large. La Salle avoit la forme d'une espece d'ovale tronquée & évasée depuis l'extrémité de son petit diametre jusqu'à l'avant-scène : elle avoit de longueur 48 pieds, depuis le fond de l'Amphithéâtre jusqu'au bord du Théâtre, de largeur 46 pieds jusqu'à la cloison adossée aux loges, & d'élévation 42 pieds jusques sous le plafond. On y voyoit quatre rangs de loges, placés à-plomb l'un de l'autre, sans aucuns poteaux montants sur le devant; de sorte qu'au lieu d'offrir l'aspect d'une multitude de petites cellules, comme dans nos anciens Théâtres ou dans ceux d'Italie, chaque rang formoit un balcon continu de la forme la plus agréable dans tout le pourtour de la Salle; ce qui donnoit sans comparaison plus d'élégance à son ensemble, & permettoit à la fois de découvrir plus facilement l'action théâtrale. Les séparations des loges ne s'élevoient qu'à hauteur d'appui, & n'étoient pas dirigées vers la scène, ce qui auroit été sans doute plus avantageux aux places du fond des loges situées vers les côtés de la Salle : les devantures des balcons étoient seulement peintes d'ornemens rehaussés en or, d'un genre fort noble, disposition qui favorisoit nécessairement les renvois du son : pour rendre la Salle plus sonore, on avoit bâti son pourtour en charpente avec des poteaux saillants de huit pouces, placés au fond des loges vis-à-vis de leur séparation ; lesquels faisoient manifestement par leurs ressauts quelque tort à la libre circulation du son & à son renvoi.

L'espace, compris entre le pourtour des loges & le Théâtre, étoit divisé à l'ordinaire en trois parties : la plus voisine de la scène étoit l'orchestre, l'autre le parterre, la troisieme l'amphithéâtre. On entroit dans le parterre par deux portes latérales ; & il falloit monter 18 marches, depuis le vestibule, pour arriver à un lieu aussi fréquenté, par deux raisons relatives à la maniere d'être du local : la premiere, que le Théâtre faisant partie du Palais Royal, il étoit indispensable d'assujettir les premieres loges au plain-pied des appartemens du Prince ; la seconde, que le quartier se trouvant très-bas par rapport au niveau ordinaire de la riviere, il étoit conséquemment nécessaire d'élever le sol du Théâtre pour pouvoir, de dessous, faire sortir au besoin des décorations, sans rencontrer l'eau. Comme on avoit reproché à l'ancienne Salle d'être privée de cet avantage, parce qu'elle étoit presque à rez-de-chaussée de la rue, il convenoit d'y avoir égard dans la reconstruction de la nouvelle.

La courbe de cette Salle est différente de celle du Théâtre de Turin, & nous paroît préférable en ce qu'elle a moins de profondeur, & que son évasement peut faciliter de mieux découvrir le lieu de la scène; c'est pourquoi nous croyons devoir nous arrêter particuliérement à la décrire. Après avoir fixé la longueur *a b* de la Salle, *Fig. XXII*, & sa largeur *c d*, dans le rapport de 4 à 3, & les avoir divisé en deux également à angles droits, on a partagé *a b*, en trois parties égales *a g*, *g h*, *h b*. On a tiré ensuite, de chaque extremité du petit diametre, les lignes *c h e* & *d h f*; puis du point *h*, comme centre, en prenant *h b* pour rayon, on a décrit l'arc *f b e*, c'est-à-dire le fond des loges, & l'arc *k l* concentrique pour former leur devanture. Cela étant fait, on a continué la courbe, en prenant les extrémités *c* & *d* du petit diametre pour centres, & l'on a tracé les arcs *e d*, *f c*, du fond des loges, & les arcs concentriques *l m*, *k l* du devant des loges; enfin, depuis le petit diametre jusqu'à l'avant-scène, on a poursuivi les deux côtés de la Salle paralellement au grand diametre *a b*. Ainsi cette courbe étant une demi-ovale évasée vers le Théâtre, ne pouvoit avoir conséquemment les propriétés de l'ellipse par rapport au concert des renvois du son. En effet, si l'on tire du milieu *i* de l'avant-scène, point qui correspondroit en quelque sorte au foyer, si la courbe en question étoit véritablement elliptique, des lignes *i o*, *i p*, *i q*, *i r*, contre son pourtour, on s'appercevra, par la comparaison de leurs angles d'incidence & de réflection, que les renvois *i q*, *i r*, du fond de la Salle, devoient réfléchir vers le milieu de l'amphithéâtre, à cause de l'approximation de la figure elliptique avec celle de l'ovale en cet endroit, mais que tous les autres *i o*, *i p*, ne réfléchissoient manifestement que vers le parterre, & le long de sa ligne diamétrale *a b*.

L'avant-scène avoit de largeur 36 pieds sur 32 de hauteur; elle étoit de la plus riche composition, & décorée de quatre grandes colonnes corinthiennes portées sur un socle, & dont le fust étoit orné de canelures à jour, interrompues par des bossages qui s'accordoient avec les appuis de différens rangs de loges. On avoit pratiqué de part & d'autre de cette avant-scène, entre les colonnes & jusques dans leur socle, plusieurs loges bien fermées par les côtés; & même, au lieu d'y appliquer la grande toile, comme cela se fait toujours, on avoit reculé cette toile de 4 ou 5 pieds à dessein de ménager encore quelques arriere-loges dans cet espace. Il n'est pas douteux que toutes ces cavités, en absorbant une partie de la voix dès son débouchement vers la Salle, ne pouvoient manquer de lui être préjudiciables & de diminuer son volume.

Cette Salle étoit couronnée dans tout son pourtour par un entablement architravé que l'on avoit interrompu au milieu de l'avant-scène par un globe semé de fleurs de lis. Au-dessus de cet entablement s'élevoit le plafond qui étoit creux, & qui offroit une surface plane dont les extrémités se terminoient en voussures, où l'on avoit peint des arcades en perspective percées de trois grandes loges en face du théâtre, & précisément au niveau du haut du plafond; ouvertures qui, en absorbant la voix, devoient faire aussi beaucoup de tort à ses renvois, sans compter que ceux qui rencontroient la surface du plafond, ne pouvoient être réfléchis qu'au hasard vers les Auditeurs, sans se concentrer ou sans agir de concert, ainsi qu'il eût été à souhaiter. Le milieu du plafond offroit la forme d'une ovale remplie par un tableau allégorique peint sur toile & à l'huile, où étoient représentées les Muses & les talens rassemblés par le Génie des Arts, qui précédoit le char d'Apollon, avec l'Ignorance & l'Envie humiliées sur le devant : il y avoit dans ce plafond une trappe destinée, au besoin, à renouveller l'air de la Salle, mais qui restoit souvent ouverte pendant tout le spectacle.

Ce Théâtre étoit environné dans le bas de portiques; on y entroit, du côté de la Place du Palais Royal, par trois portes qui conduisoient à un vestibule décoré de colonnes doriques canelées & couronnées d'un entablement architravé. A ses deux extrémités, y il avoit deux grandes arcades annonçant chacune deux escaliers, dont l'un conduisoit au parterre, & l'autre aux loges. Derriere l'amphithéâtre, au premier étage, étoit placé le foyer, composé d'une galerie de 60 pieds de long avec cinq croisées, au-devant desquelles régnoit un grand balcon de fer le long de la rue S. Honoré. Le foyer avoit une cheminée ornée de glaces à chaque

chaque bout, & étoit décoré de boiseries & de sculptures, ainsi que de trois Bustes de marbre représentant Lully, Quinault & Rameau; & l'on se proposoit d'y placer successivement les portraits des Poëtes & des Musiciens, dont les talens distingués devoient faire à l'avenir la gloire de ce spectacle; pensée qui mérite beaucoup d'être applaudie & imitée dans les Théâtres qu'on élevera par la suite. Quoi de plus intéressant en effet que de consacrer, dans ce lieu de leur triomphe, la mémoire des hommes célebres qui l'ont enrichi de leurs productions!

Malgré les observations que nous venons de faire sur cette Salle, nous ne pouvons nous dispenser de convenir que, de tous ceux dont nous avons parlé, c'est celui qui nous paroît en général le mieux ordonné pour l'étendue, pour la disposition des loges & pour l'ouverture du Théâtre : aussi la plupart des défauts que nous y avons remarqué, tiennent-ils, soit à l'incertitude qui a regné jusqu'ici sur les principes constitutifs de ces sortes d'édifices, soit à la maniere d'être d'un local aussi resserré, soit à des abus consacrés par un long usage, soit à l'obligation de multiplier les places pour augmenter la recette du Spectacle, soit, en un mot, à des especes d'étiquettes, dont un Architecte n'est pas toujours le maître de secouer le joug. Il faut esperer que, lors de la reconstruction de la nouvelle Salle d'Opéra, on osera s'affranchir de toutes ces entraves, pour parvenir à orner enfin cette Capitale d'un monument en ce genre, qui mérite par la suite de servir de modele.

La *Fig. XXI* représente, d'un côté une moitié du plan de cette Salle au niveau du parterre, & de l'autre une moitié de son plan à la hauteur des premieres loges, de sorte qu'en les comparant, il sera aisé de juger de leur relation.

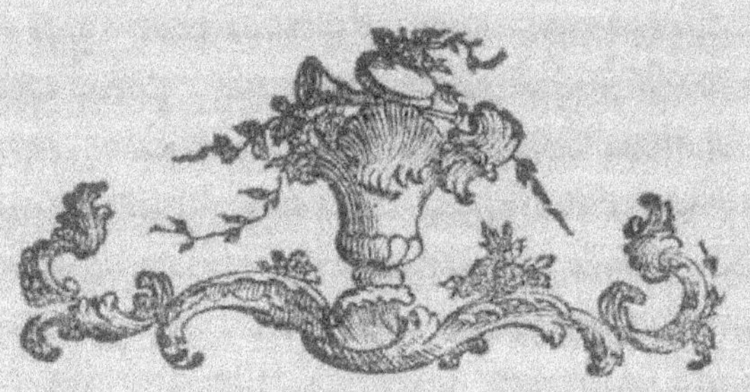

ARTICLE XII.

Du Théâtre de Bordeaux, Figure XXIII, Planche III.

Le plus magnifique de tous les Théâtres modernes eſt ſans contredit celui que la Capitale de la Guyenne vient de faire élever. L'Architecte a eu toute liberté de donner l'eſſor à ſon génie, & l'on peut dire, en le conſidérant en général du côté de ſa compoſition & de la beauté de ſes proportions d'architecture, que c'eſt un morceau digne de faire honneur à ſes talens. Notre deſſein n'eſt pas d'entrer dans tous ſes détails, mais ſeulement de faire quelques obſervations particulieres ſur ſa forme, parce qu'elle eſt toute différente de celles que nous avons décrites juſqu'ici.

La figure de la Salle ou du lieu deſtiné aux Spectateurs, eſt un cercle de près de 60 pieds de diametre, qui eſt tronqué vers le quart par le bord du Théâtre : elle eſt décorée de 12 colonnes iſolées d'ordre compoſite, dont l'entablement regne au pourtour : trois arc-doubleaux, de la largeur de l'ouverture du *proscenium*, rachetent, par des especes de pendentifs, une corniche circulaire servant de cadre au plafond de la Salle, qui est terminé en calotte, où l'on a peint à fresque un sujet allégorique à l'exécution de cet édifice.

Les premieres loges forment une espece de balcon continu, lequel suit le plan circulaire de la Salle, avec trois gradins en amphithéâtre bordés d'une balustrade qui en fait l'appui. Les secondes & troisiemes loges sont pratiquées entre les colonnes, & forment, sur le nud de la cloison de charpente qui fait tout le pourtour de cette Salle, des especes de tribunes très-saillantes avec deux rangs de siéges (1).

Le Paradis est placé en amphithéâtre sur l'entablement de l'ordre composite, dans les vuides des trois grands arc-doubleaux qui répetent celui de la scène : il n'y a pas de Théâtre où l'on ait apporté, à ce que l'on prétend, autant d'attention à revêtir tout son pourtour de matieres sonores & élastiques.

---

(1) C'est à cette hauteur que nous avons représenté le plan de l'intérieur de cet édifice.

La Salle eſt peinte généralement en blanc veiné, & tous ſes ornemens ſont rehauſſés en or avec des draperies bleues, peintes dans le fond des loges & élégamment retrouſſées à l'endroit des portes.

Le but de l'Architecte a été évidemment de ſortir de la monotonie ordinaire de ces ſortes d'édifices & d'en faire une magnifique Salle de compagnie ou d'aſſemblée; auſſi, conſidérée ſous ce point de vue, peut-on dire qu'il a très-bien réuſſi : mais eſt-il facile de découvrir, des loges voiſines du Théâtre, le lieu de la ſcène & ſes décorations? ſon ordonnance eſt-elle en général avantageuſe pour fortifier le ſon & raſſembler ſes rayons? la convexité des colonnes, les arc-doubleaux en vouſſure qui ſoutiennent le plafond, la figure du plafond elle-même, le grand entablement chargé de moulures, qui couronne la Salle, enfin la grande ſaillie des loges & la poſition de celles placées ſur l'avant-ſcène, toutes ces choſes favoriſent-elles la force de retour de la voix, ſa libre circulation & ſur-tout ſa netteté? c'eſt ce que nous laiſſons aux Lecteurs à décider par l'application de nos principes, *Fig. V.*

Il nous ſeroit facile de faire paſſer en revue un plus grand nombre d'exemples pour les apprécier ; mais nous croyons devoir nous borner à ceux-ci, tant parce qu'ils passent pour les plus estimés, que parce que ceux que nous pourrions ajouter, ou n'en sont que des imitations, ou n'ont rien de bien remarquable dans leur composition.

Les Théâtres de Londres, entr'autres, quoique d'une distribution tout-à-fait extraordinaire, ne méritent pas d'être cités, vu qu'ils sont trop défectueux. Que l'on se figure deux murs allant depuis la scène, en s'évasant ou en s'étendant en évantail jusqu'au fond de la Salle, quatre rangs de loges avec seulement trois ou quatre loges à chaque rang attenant la scène, un parquet compris entre ces loges, ensuite trois amphithéâtres l'un au-dessus de l'autre, enfin un plafond qui s'éleve en rampant depuis l'ouverture du Théâtre jusqu'à l'extrémité de la Salle, & l'on aura à peu près l'idée d'une Salle de Spectacles Angloise. La plupart des assistans se trouvent, à la vérité, par cette disposition placés en face de la scène, mais rien n'est moins agréable & conforme au bon goût que cet arrangement : il partage la Salle en trois parties & ôte toute liaison entre les Spectateurs ; chacun ne voit que ceux qui sont sur son amphithéâtre ; & si la vue trouve quelque avantage à cette diposition, on peut dire que l'effet du son & son harmonie paroissent entiérement sacrifiés.

ARTICLE XIII.

Analyse des principaux Ouvrages qui ont été publiés sur l'ordonnance des Théâtres modernes.

I.

Quoique l'on se fût apperçu depuis long-temps des défauts de nos Salles de Spectacles, ce n'est cependant que depuis environ 25 ans qu'on s'est attaché à les relever. M. le Comte Algarotti est un des premiers qui en ait parlé dans son *Essai sur l'Opéra*; ouvrage où, après avoir donné des principes assurés & des regles de goût pour perfectionner ce Spectacle, il expose en même temps son sentiment sur la meilleure construction d'un Théâtre.

Il veut que les Architectes qui se sont mêlés d'en bâtir, se soient mépris sur l'usage auquel ces sortes d'édifices sont destinés, & sur la fin qu'on doit s'y proposer : il s'arrête en conséquence sur la matiere dont doit être bâti un Théâtre, sur sa grandeur, sur la figure qu'il doit avoir, sur la disposition des loges & sur leurs ornemens ; & voici quel eſt ſon ſyſtême à l'égard de ces différens objets.

Cet Auteur commence par approuver beaucoup les Architectes qui bâtiſſent en briques ou en pierres les voûtes des corridors, les eſcaliers & tous les ouvrages extérieurs des Théâtres, comme un moyen ſûr de les rendre durables & de les garantir des incendies : mais il blâme en même temps ceux qui entreprendroient de conſtruire ainſi les loges & toutes les parties intérieures d'une Salle, comme agiſſant contre la fin principale qu'on doit ſe propoſer dans leur exécution, qui eſt de la rendre ſonore, & de faire en ſorte que les voix y produiſent le plus grand effet, ſans rien perdre de leur agrément & de leur force en arrivant aux oreilles des auditeurs. „ L'expérience journaliere, dit-il, démontre „ que dans une Salle où les murs ſont nus, „ les voix ſont bien répercutées, mais trop for-„ tement ; elles deviennent rudes ; elles ont „ trop de crudité, ſi l'on peut ſe ſervir de „ ce terme. Au contraire, elles ſont étouffées „ par les tapiſſeries, dont une chambre eſt „ garnie ; mais ſi cette chambre eſt lambriſſée de „ haut en bas, alors les voix retentiſſent déli-„ cieuſement ; elles parviennent à l'oreille pleines

„ & moëlleuses. Il s'ensuit donc, par le té„ moignage même de l'expérience, qu'on doit „ choisir pour l'intérieur d'un Théâtre le bois, „ c'est à dire, la matiere dont on fait précisé„ ment les instrumens de musique, comme „ étant plus propre que toutes les autres, quand „ elle est frappée par le son, à rendre cette es„ pece de vibrations qui s'accordent le mieux avec „ les organes de l'ouie. »

M. le Comte Algarotti, en parlant de la grandeur d'un Théâtre, observe judicieusement qu'il faut avoir égard, pour la fixer, à la portée de la voix, attendu qu'il seroit ridicule de faire un Théâtre si grand qu'on ne pût y entendre commodément; & à cette occasion il trouve beaucoup à redire à la licence des Architectes, qui, sous prétexte d'augmenter l'étendue d'une Salle & de faciliter à la fois l'extension de la voix, se permettent d'avancer de plusieurs pieds le *proscenium* ou le bord du Théâtre dans le parterre, comme contraire à la vraisemblance ou à l'illusion, en ce que les Acteurs doivent se tenir au milieu du Théâtre toujours parmi les décorations, & le plus souvent loin des Spectateurs, afin de faire partie du doux enchantement auquel tout doit se rapporter dans la répréſentation théâtrale. Il veut avec raiſon que ce ſoit y contrevenir directement, & détruire l'effet, que de les détacher des décorations, & de les tranſporter au milieu de l'auditoire, de maniere que ceux qui ſont dans les loges voiſines de la ſcène, ne voient le plus ſouvent les Acteurs que par le dos ou de profil.

La figure que M. le Comte Algarotti adopte, comme lui paroiſſant la plus convenable à un Théâtre, eſt le demi-cercle, à l'exemple des Anciens. La raiſon qu'il donne de cette préférence eſt que, de toutes les figures d'un périmetre égal, le cercle renferme le plus d'eſpace, & que les Spectateurs placés dans le pourtour d'une figure demi-circulaire ſont tous tournés vers la ſcène, de maniere qu'ils la voyent dans ſon entier, & que tous étant également diſtans du centre, tous voient & entendent également en quelque endroit que ce ſoit : cependant, comme il ne ſauroit ſe diſſimuler que cette figure a le défaut inévitable de donner une ouverture trop grande à la ſcène, il revient enſuite ſur ſes pas, & propoſe d'y remédier, en changeant le demi-cercle en une demi-ellipſe, comme pouvant donner une moindre largeur à la ſcène & plus de longueur à une Salle.

Quant au plafond, cet Auteur recommande de le faire toujours de matieres sonores, assemblées avec le soin que l'on donne au coffre d'un vaisseau ; il veut qu'il soit peu épais & concave plutôt qu'applati, afin que son action soit plus rassemblée, & qu'il s'étende même jusques sur l'avant-scène pour mieux renvoyer la voix vers la Salle.

Son sentiment sur la disposition des loges est tout-à-fait particulier, & sera sûrement du goût de peu de personnes. Il conseille d'adopter celle qui a été employée au Théâtre de Manheim & à plusieurs Théâtres d'Italie, laquelle consiste à placer les loges, de façon que depuis la scène jusqu'au fond de la Salle, elles aillent toujours en s'élevant les unes plus que les autres, & en débordant dans la même proportion avec des piliers sur le devant, & des cloisons de séparation percées à jour comme des grillages. Cette disposition peut à la vérité, ainsi que nous l'avons déja remarqué, faciliter la vue du Spectacle, mais elle a le défaut d'offrir un aspect très-désagréable, & de produire en outre une multitude de ressauts capables de nuire à la circulation du son, en occasionnant des cahotages.

Pour ce qui est de la décoration d'une Salle, cet Auteur recommande de donner à son intérieur un air élégant, délié & qui ne représente rien de lourd; de faire en sorte que les Spectateurs n'y soient point gênés, fassent partie du Spectacle, & soient placés dans un point de vue favorable comme les livres dans les rayons d'une bibliotheque : il en interdit la multiplicité des ornemens en relief comme faisant tort à l'effet de la voix des Acteurs : il proscrit surtout les ordres d'architecture dans la décoration des loges, vu que, ne pouvant leur donner que peu de hauteur, ils paroîtroient en ce cas mesquins & de mauvais goût, & que d'ailleur ils seroient capables de faire perdre du terrein : à leur place, il voudroit, ce qui semblera fort étrange, que l'on prît pour modele le grotesque qui se remarque dans les anciens tableaux, & le gothique qui lui ressemble beaucoup, de maniere que les soutiens des loges fussent fort légers, comme n'ayant à porter qu'un poids médiocre, & que les ornemens qui couronnent les loges fussent travaillés délicatement.

Ainsi, les observations de M. le Comte Algarotti se bornent en général à quelques remarques de goût sur ce qui est capable de rendre les Salles sonores, sans assigner de principes certains, ou qui puissent guider dans leur exécution : d'ailleurs, il paroît avoir eu seulement en vue les Théâtres d'Italie, où, relativement à l'étiquette, il est comme indispensable d'admettre des loges, pour y recevoir des visites, y jouer & y converser.

II.

Peu de temps après le premier incendie de l'Opéra de Paris en 1763, il parut une petite brochure intitulée, *Véritable construction d'un Théâtre d'Opéra à l'usage de la France, suivant les principes des Constructeurs Italiens*, par M. le Chevalier de Chaumont. Quoique cet ouvrage ait fait peu de sensation, parce qu'il est en général mal digéré, & qu'il ne répond nullement à son titre, cependant il ne laisse pas de renfermer plusieurs bonnes observations que nous croyons devoir recueillir.

Cet Auteur commence par remarquer que, pour réussir à bien disposer l'intérieur d'une Salle de Spectacles, il faut être à la fois Physicien & Architecte ; & après ce que nous avons exposé dans cet ouvrage, nous croyons que tout le monde sera sûrement de son avis. Aussi ne doit-on véritablement attribuer le peu de succès des Salles de Spectacles exécutées jusqu'ici, qu'à l'ignorance des principes d'optique & d'accoustique de la part de ceux qui ont été chargés d'en donner des dessins. On croiroit qu'après cette observation, M. le Chevalier de Chaumont va du moins essayer de remonter à ces principes pour établir quelle doit être la véritable forme d'un Théâtre moderne, mais précisément il n'en dit pas un mot, & il se borne à faire passer en revue une partie des défauts des anciennes Salles de Spectacles, & sur-tout de la Salle incendiée.

Le plus choquant & le plus contraire à la propagation du son, suivant lui, est la forme oblongue affectée jusqu'alors à nos Théâtres, consistant en deux lignes paralelles terminées du côté opposé à la scène, soit par une ligne droite, soit par une portion circulaire : indépendamment de cette disposition vicieuse, contre laquelle il n'y a qu'un sentiment, il fait une énumeration des causes particulieres qui font perdre le son en détail dans une Salle : de ce nombre sont, 1°. les grands enfoncemens que l'on étend souvent, jusques sous les premieres loges & leurs corridors, des deux côtés du parterre, & dans lesquels le son s'engouffre sans espoir de retour; il voudroit que, pour y obvier, on plaçât d'ordinaire un mur ou une cloison dans le parterre à l'à-plomb du devant des loges; 2°. l'usage de placer les portes d'entrée du parterre dans le fond de la Salle, & il conseille de les situer toujours vers les côtés de part & d'autre près de l'orchestre, en y faisant par précaution un tambour, comme pouvant empêcher la colonne d'air de repousser la voix de l'Acteur vers le Théâtre; 3°. les séparations des loges par des cloisons dans toute leur hauteur, & à cette occasion l'Auteur propose de distribuer les étages de loges en balcons continus sans aucun pilier, à condition toutefois de les soutenir, non par des tirants de fer attachés aux cloisons adossées & qu'il croit être sujets à des inconvéniens, mais par des planchers de solives, posées en bassecule sur les murs pourtours de maçonnerie, ce qui seroit en effet beaucoup plus solide; 4°. enfin les ouvertures que l'on laisse dans le plafond d'une Salle ou dans son pourtour, comme faisant beaucoup de tort à la voix. M. le Chevalier de Chaumont remarque très-bien qu'on doit regarder le plafond comme le principal agent

destiné

destiné à répandre la voix par-tout ; mais que, pour qu'il remplisse l'attente désirée, il est à propos de le construire comme une espece de tambour, à la maniere des Italiens, c'est-à-dire qu'il faut le faire creux & composé de planches assemblées comme un parquet, & distant de deux pieds du plancher supérieur, auquel il doit être attaché par des anneaux & de petites chaînes.

Après ces observations, l'Auteur donne l'exquisse d'un projet de Salle de Spectacles. La forme qu'il adopte est celle d'un arc en tiers-point, avec un angle rentrant dans la loge du fond en face du Théâtre; ce qui est sans exemple, & produiroit à tous égards un très-mauvisa effet en exécution.

I I I.

M. Cochin, Graveur du Roi, publia à-peu-près vers le même temps, *le projet d'une Salle de Spectacles, pour un Théâtre de Comédie*, qu'il a accompagné de quelques réflexions importantes. Il s'est proposé pour but d'appliquer à nos usages, la forme du Théâtre de Vicence, *Fig. XXIV*: la raison qu'il donne pour justifier cette adoption, est que nos Salles lui paroissent en général trop profondes, tellement que les loges du fond les plus favorables pour voir le Spectacle & juger de l'effet des décorations, sont d'ordinaire trop éloignées, pour qu'on puisse y entendre distinctement. Cependant le plan de ce projet, au lieu d'être un demi-ovale comme celui du Théâtre que M. Cochin s'est proposé pour modele, est un ovale entier, dont le grand diametre a environ 72 pieds de longueur, & le petit 54 pieds. Les places sont distribuées suivant nos usages; il y a un orchestre, un parquet, un vaste parterre, capable de contenir 900 personnes de bout, un amphithéâtre avec deux rangs de banquettes, & trois étages de loges.

Pour faire sentir l'avantage de cette forme, M. Cochin la met en paralelle avec celle de l'ancienne Salle de la Comédie françoise, & fait voir que les auditeurs, placés dans le fond de sa nouvelle Salle, seroient plus près de la scène de 20 pieds, & que même ceux placés dans les loges des côtés, suivant son projet, se trouveroient encore plus proches que dans les loges du fond d'aucun Théâtre.

Comme l'Auteur a bien senti que cette disposition avoit le grand inconvénient de donner une largeur excessive au Théâtre, il propose d'y remédier par une scène fixe, décorée d'architecture, percée de trois ouvertures, celle du milieu de 24 pieds, & les deux autres de chacune 10 pieds, à travers lesquelles on appercevroit toutes les décorations : voici comme il essaye de justifier cette nouveauté.

„ Les décorations ainsi partagées, offriroient, „ dit-il, un Spectacle plus magnifique, sans augmenter la dépense journaliere ; les Spectateurs „ placés sur les côtés jouiroient mieux des décorations que dans les Spectacles ordinaires, „ vu qu'ils auroient leurs décorations particulieres dans les petites scènes latérales. Ces „ trois scènes, en indiquant trois lieux différens, faciliteroient la loi de l'unité : le lieu „ où à la rigueur il conviendroit que l'action „ se passât, seroit indiqué par la décoration de „ la scène, sur-tout dans les cas où elle doit représenter plusieurs édifices différens, un Temple, un Palais, un Tombeau : enfin dans beaucoup de Pieces tragiques ou comiques, les „ Acteurs sortiroient sans être apperçus de ceux „ qui y entrent, & les *à parte* auroient de la „ vraisemblance. „

Malgré ces raisons & l'autorité du Théâtre

de Vicence, il est à croire que la forme barre-longue en question, réussiroit difficilement en exécution, non-seulement parce qu'elle est contradictoire à la masse d'air que la voix met en mouvement, mais encore parce que ses renvois se feroient sans aucun concert, au hasard, sans se fortifier mutuellement, & ne seroient pas soutenus par les côtés, en sortant de la bouche de l'Acteur. D'ailleurs, la subdivision de la scène en trois parties fixes, avec des ouvertures aussi étroites que celles des côtés, pourroit-elle jamais avoir aucun rapport avec la grande largeur de cette Salle ; & en interrompant la liaison des décorations, ne nuiroit-elle pas à leur illusion ? A l'égard des avantages allégués en faveur des *à parte*, est-ce que dans ces circonstances, le décorateur n'est pas toujours le maître de disposer ses décorations mobiles, de façon à les favoriser, en réprésentant, soit un carrefour, soit différens lieux qui aboutissent de plusieurs endroits sur la scène ? Enfin le bord du Théâtre étant en avant de plus de 20 pieds dans la Salle, les Acteurs se trouvant nécessairement trop isolés au milieu des auditeurs, & trop éloignés des décorations, il n'y auroit plus d'illusion, l'action théâtrale paroîtroit petite & sans effet.

Une autre particularité de ce projet, est qu'on propose d'aggrandir au besoin les premieres loges, en pratiquant dans le fond une espece de volet que l'on descendroit ou glisseroit dans l'épaisseur de la cloison comme la glace d'un carrosse; au moyen de quoi il seroit aisé de placer, lors du concours des premieres représentations, deux rangs de banquettes dans le corridor. Cet arrangement pourroit à la vérité être avantageux pour augmenter la recette, mais nuiroit évidemment au son qui ne manqueroit pas de s'engouffrer dans des loges d'une aussi grande profondeur.

IV.

Entre tous les écrits qui ont été publiés sur les Théâtres, depuis quelques années, on doit principalement distinguer celui intitulé, *Exposition des principes que l'on doit suivre dans l'ordonnance des Théâtres modernes, par M. M.*** Il est en général rempli de remarques judicieuses sur les abus qui résultent de la disposition ordinaire des Salles de Spectacles. Nous y insisterons d'autant plus volontiers, qu'il paroit avoir eu le même but que nous nous sommes aussi proposés de remplir, & qu'il est conséquemment intéressant de faire connoître comment il a saisi cet objet & pourquoi il n'a pas réussi dans cette détermination.

M. M.** commence par exposer quelle doit être la base de la disposition d'une Salle de Spectacles : il veut avec raison que les assistans entendent distinctement l'Acteur, qu'ils voyent clairement le Théâtre, qu'ils présentent un ensemble agréable avec les parties fixes de la scène, & que les places y soient distribuées suivant les mœurs & les convenances du climat. Pour procéder à cet examen, il expose d'abord la maniere dont il pense que doit agir le son, suivant la qualité des parties qui terminent son enceinte. » L'augmentation de force que l'on peut donner » au son, dit-il, par le seul moyen de ses en» tours, se fait par la réaction de ses rayons, » c'est-à-dire par *leur retour sur eux-mêmes.* » Ce retour des rayons sur leur masse se fait » par répercution, par réflexion ou par circula» tion : de quelque maniere que se fasse cette » rentrée des rayons du son, elle est toujours » occasionnée par la rencontre des corps voisins » qui l'arrêtent avant que ses ondulations soient » finies, & font refluer ainsi sur elle-même

» toute la partie de mouvement qui se seroit
» épuisée au delà du point de rencontre dans un air
» libre. Le secret pour en obtenir le plus grand
» effet, est d'investir son enceinte de corps durs &
» sonores, disposés de maniere à le rendre dans
» toute leur plénitude.... On peut distinguer
» dans le son deux especes de forces dif-
» férentes, la force directe & celle de retour :
» la force directe ne consiste pas seulement dans
» l'imission des rayons directs qui parviennent
» à l'oreille, mais elle dépend sur-tout de l'u-
» nion de ces rayons qui s'appuient & se sou-
» tiennent mutuellement par leur cohésion. En attendant que nous revenions, ci-après, particuliérement sur ces principes, nous observerons qu'il s'en faut bien que les rayons du son réagissent toujours sur eux-mêmes, comme le prétend cet Auteur ; car ils peuvent être également divergens ou convergens, attendu que c'est la disposition des corps environnans qui a coutume de déterminer leurs renvois, ainsi que nous l'avons prouvé au commencement de notre ouvrage.

A l'égard des objets scéniques, M. M.** veut qu'ils puissent être apperçus distinctement, & qu'ils s'offrent aux yeux des Spectateurs comme un grand tableau, dont l'œil embrasse toutes les parties, de sorte qu'en tirant du point de vue de la toile du fond des décorations, quatre lignes dont deux passent, l'une sous les pieds, l'autre au-dessus de la tête de l'Acteur, & les deux autres par les bords de l'ouverture du Théâtre; ces quatre lignes étant prolongées, au-delà, vers la Salle, doivent renfermer tous les rayons visuels du Spectateur : l'expérience journaliere prouve en effet qu'il n'est pas possible de considérer cela autrement.

Après avoir établi que la perfection d'une Salle consiste à bien voir & à bien entendre, M. M.** expose ses vues sur sa forme. « On » doit, remarque-t-il judicieusement, la déter- » miner relativement aux sons, à la vue, & » à l'étendue du Théâtre : il est peu de formes » qu'on ne puisse admettre dans les petites Salles, » pourvu qu'elles ne soient pas trop étroites. Les » Spectateurs y sont placés assez près de l'Acteur » pour que les rayons directs de la voix suffi- » sent. Dans la construction des grandes Salles, » il faut du choix dans les formes pour con- » server les avantages du son & de la vue : il est » absolument nécessaire d'en bannir les formes al- » longées sur deux lignes droites presque para-

» lelles, quand même elles seroient arrondies » vers le fond & évasées à leur naissance pour » se rétrécir ensuite : les sons y sont trop & » trop-tôt absorbés sur-tout à leur départ, & » leur circulation n'a plus lieu; la vue y est » absolument interceptée, excepté dans les bouts » en face, pour les seconds rangs des secondes » loges & au-dessus, parce que ces loges pré- » sentent jusqu'au Théâtre des corps opaques » entre le point de vue & le fond du Théâtre, » & même entre les rayons visuels qu'on pour- » roit tirer du devant du Théâtre à l'œil du » spectateur, soit par le premier rang des per- » sonnes qui sont sur le devant, soit par leur » appui, soit par leur masse; cette mauvaise » disposition oblige le spectateur de se lever, » de s'appuyer, de se gêner en incommodant » ses voisins, & de tourner la tête pour voir le » Théâtre ». Nos anciennes Salles de la Comédie Françoise & Italienne offrent en effet une preuve sensible de ce mauvais arrangement.

Son systême pour la disposition d'une Salle, est que plus elle doit être grande, plus il feroit essentiel que son pourtour intérieur approchât de la ligne circulaire, pour donner plus d'égalité aux rayons de la voix & faciliter la vue. Malgré cette observation, M. M**. regarde ensuite toutes les formes comme indifférentes, & laisse la liberté de choisir celle que l'on voudra, & d'adopter le cercle, l'ellipse dont le grand diametre soit sur le travers comme au Théâtre de Vicence, le demi-cercle comme au Théâtre antique, la demi-ellipse allongée, la figure du soufflet ou de la poire sans étranglement comme aux Théâtres d'Argentine à Rome, & de Saint Charles à Naples. Tout ce qu'il exige, c'est de ne point placer son diametre précisément sur l'ouverture du Théâtre, en adoptant l'une ou l'autre de ces figures; mais de la reculer du côté de la Salle de deux toises, de façon qu'il reste toujours de part & d'autre de l'avant-scène ou de la fausse avant-scène, une surface nue jusqu'à la partie circulaire qui soit dégarnie de spectateurs; ce sacrifice de places lui paroît essentiel pour faciliter les renvois du son & les diriger vers la Salle.

Ainsi, toutes les spéculations, à l'aide desquelles M. M.** a voulu établir des regles pour l'ordonnance d'un Théâtre, n'aboutissent évidemment qu'à laisser les choses dans l'incertitude, d'où il paroissoit d'abord vouloir les tirer. Cela vient de ce qu'il a cru, d'après Descartes, que les rayons du ſon n'agiſſoient que par circulation ou qu'en retournant ſur eux-mêmes, effet qui n'a lieu que dans un cercle ou un demi-cercle, en ſuppoſant toutefois la voix au centre; attendu que les rayons étant alors toujours perpendiculaires à leur circonférence, doivent de néceſſité retourner vers le canal d'où ils ſont partis; mais cela n'arrive que dans ce cas particulier, dont cet Auteur a fait une regle générale. Placez la voix à tout autre endroit, par exemple, au bord du cercle ou à tout autre point dans ſon intérieur, *Fig. V*, *Pl. I*, ſes renvois formeront au pourtour de ſa courbe une eſpece de poligone, ſuivant la loi commune de l'égalité des angles d'incidence & de réflexion. Si M. M.** eût fait attention que les rayons d'air mis en mouvement par le ſon, devoient être également ſoumis à cette détermination, il ſe ſeroit ſans doute apperçu combien il s'en falloit que toutes les figures fuſſent indifférentes pour leur renvoi. Nous avons tant de fois inſiſté là-deſſus, dans le cours de cet ouvrage, que nous croyons ſuperflu d'y revenir de nouveau.

Quant à la ſituation des loges, M. M.** déſapprouve beaucoup celles dont les rangs ſont élevés à-plomb les uns des autres. Cet arrangement prive, suivant lui, une Salle de surfaces libres pour renvoyer le son, en produisant des cahotages, des obstacles à sa force de retour & des corps absorbants qui l'amortissent. Il trouve encore que la vue n'est pas mieux traitée que l'ouie par cette disposition de loges, & que quand bien même on choisiroit la meilleure forme de Salle pour son pourtour, elle seroit toujours précipitée dans les étages supérieurs; enfin, il prétend que la décoration générale d'une Salle souffre de ces petits étages perpendiculaires, attendu que les différentes masses des spectateurs n'étant pas liées, son pourtour se trouve découpé en petites parties égales qui ressemblent aux étages des cages à poulets.

Après cette critique outrée des rangs de loges placés à-plomb les uns des autres, & qui doit regarder principalement les loges séparées dans toute leur hauteur par des cloisons, comme en Italie, M. M.** expose ses idées à ce sujet ; elles consistent à disposer les différens étages de loges en demi-retraite, ou par retraite entiere, les unes derriere les autres : c'est à cette derniere disposition qu'il donne sur-tout la préférence ; & il cite pour garant le nouveau Théâtre de Bologne, dont on a vu au contraire que tous les rangs de loges, *Fig. XVIII, Pl. III*, sont placés d'à-plomb. Dans l'intention de favoriser sa nouvelle distribution, cet Auteur propose de supprimer les corridors des loges, & de leur substituer de simples ceintures de séparation pour arriver à chaque rang : par ce moyen, le corps des loges ayant moins d'élévation que de coutume, il pourroit rester, suivant lui, dans tout le haut du pourtour de la Salle, une surface étendue très-avantageuse pour la décoration, pour la vue & pour le renvoi du son ; & il allegue, pour preuve du bon effet de cet arrangement, un modele de Théâtre exécuté par M. Damun, dont il sera question dans l'article suivant.

Cette disposition des spectateurs, sur des gradins en amphithéâtre, offriroit à la vérité un ensemble plus imposant à l'œil que nos loges ordinaires, & les surfaces nues ménagées, tant près de l'avant-scène que vers le haut de la Salle, pourroient effectivement être avantageuses aux renvois du son ; mais, comme nous l'avons déjà observé en parlant du Théâtre antique, est-il bien vrai que nos usages & nos mœurs pussent cadrer avec une semblable distribution, & qu'on s'avisât de préférer, à la commodité que procurent les loges, des places isolées où chacun paroîtroit confondu, & où les femmes seroient si peu remarquées? D'ailleurs, comme c'est l'intérêt qui fait d'ordinaire élever les Salles de Spectacles, est-il encore à présumer que l'on souffriroit aisément tant de surfaces vacantes dans le haut ou sur les côtés? car, quoique ce soit des places éloignées & en partie de souffrance, on ne laisse cependant pas de les louer, & cela suffit. En Italie sur-tout, cette disposition de places en amphithéâtre seroit encore moins admissible qu'ailleurs, attendu qu'on veut assister souvent *incognito* au Spectacle, qu'il est d'usage de jouer dans les loges, d'y recevoir des visites, & même de les fermer, quand on le juge à propos, par des volets.

Mais, une considération encore plus importante que celle que nous venons d'alléguer, c'est que cette disposition de loges, en retraite les unes derriere les autres, quelle que fût la forme de la Salle, exigeroit nécessairement une très-grande largeur d'ouverture de Théâtre, sans que cela changeât sa hauteur; ce qui lui ôteroit de sa grace, qui consiste à faire son ouverture presque quarrée, augmenteroit la dépense des décorations, & sur-tout permettroit à la voix de se perdre en partie dans les premieres coulisses. En supposant, par exemple, les quatre étages de loges de notre ancien Opéra de Paris, placés en retraite l'un devant l'autre avec des ceintures pour y arriver, il faudroit donner au moins 30 pieds d'ouverture de plus au Théâtre, afin que les Spectateurs placés sur les côtés pussent appercevoir convenablement la scène & le fond des décorations; sans quoi il se trouveroit vers ces endroits une multitude de places de souffrance : il est à croire que M. M.** a senti cet inconvénient, & que c'est ce qui l'a probablement empêché de joindre à son ouvrage quelques dessins qui auroient pu faire voir d'un coup-d'œil l'illusion de sa nouvelle distribution, & conséquemment de ses principes.

V.

M. Damun, Architecte, distribua, il y a sept ou huit ans, un *Prospectus* pour annoncer le projet d'un *Nouveau Théâtre tracé sur les principes des Grecs & des Romains* : quoique la mort de cet Artiste ait empêché vraisemblablement la publication de cet Ouvrage, nous croyons qu'on nous saura gré de donner une idée de la maniere dont il avoit envisagé cet objet.

Cet Architecte paroît avec raison convaincu que c'est dans les principes de la vision & de l'onie mis en figures, qu'il faut chercher la forme, la proportion & la distribution des Salles modernes, & non dans la diversité des plans réguliers de l'Architecture; qu'un Théâtre ne sauroit devoir qu'à la seule Géométrie toutes les propriétés qui lui sont nécessaires, & qu'il ne doit être, tant chez les Anciens que chez les Modernes, qu'un simple assemblage de formes optiques & accoustiques combinées sur la meilleure maniere de voir & d'entendre, tout ce qui peut concerner la représentation d'une action dramatique. « En » considérant, dit-il, la forme générale du Théâ» tre des Grecs & des Romains, qui est presque » la même, il semble que cette idée sublime & » très-simple en même temps, fut prise dans la » maniere toute naturelle, dont on a toujours vu » que se donnent les scènes grossieres dans les » carrefours, par les gens à qui l'on permet d'amu» ser la partie oisive du peuple : on y voit que ces » gens ont soin d'adosser leur petit Spectacle con» tre le mur d'une rue, & que tout aussi-tôt que » leur étalage commence à paroître, le peuple » vient de lui-même s'arranger en demi-cercle » autour de cette scène momentanée ; les Specta» teurs qui se trouvent derriere s'élevant sur la » pointe des pieds pour voir aussi-bien que ceux » qui

» qui se trouvent devant ». C'est-là, selon lui, la source où les Architectes anciens paroissent avoir puisé, sans autre recherche, la forme générale du plan de leur Théâtre ; & c'est cette forme qu'il propose d'adopter pour nos Salles modernes.

En effet, suivant son exposé, le plan de son projet devoit être la moitié d'un cercle avec un amas de gradins enveloppés par un portique en colonnade, lequel se réunissoit à la scène, dont les flancs alloient en s'évasant : il pense que cette disposition auroit des avantages que ne peuvent avoir nos Salles modernes, à cause de leur forme étroite & longue qui, en resserrant le jeu de l'Acteur, en rétrécissant le lointain du tableau, en détruisant le son dans la Salle, & en ôtant à une grande partie des Spectateurs la vue de la scène, les force de s'empiler les uns en face des autres, dans des situations gênantes, & à des hauteurs, d'où les objets vus de haut en bas, ne paroissent plus avoir leur forme ordinaire.

Cet Architecte ne trouve pas moins à redire à la séparation totale de la Salle d'assemblée & de la scène par de grands frontispices immobiles d'architecture en colonnes, comme empêchant le décorateur d'évaser, suivant l'occasion, les flancs du *Proscenium*, comme étant toujours trop voisins des premiers chassis peints, & comme n'ayant le plus souvent aucune analogie avec le fond du tableau. Il blâme sur-tout l'emploi d'un grand nombre de chassis étroits rangés les uns derriere les autres à de petites distances ; cela embarrasse, selon lui, le jeu des Acteurs, augmente le service de main, complique les machines, multiplie les lumieres, force le Peintre à mutiler la trace de son tableau par la découpure de ses masses sur plusieurs toiles séparées, & jette enfin dans la composition des décorations théâtrales, une monotonie désagréable qui détruit presque toujours la vérité des plans. Son projet étoit en conséquence de substituer aux chassis ordinaires à coulisse, des chassis faits en forme de prismes triangulaires, à l'exemple des Anciens, suivant l'opinion de M. le Comte de Galiani, dans sa Traduction Italienne de Vitruve, comme pouvant produire, par leurs différentes positions optiques & leur déplacement, toutes sortes de changemens simples, savans & économiques : on peut voir *n*, *Fig. X*, *Pl. II*, la distribution de ces chassis triangulaires sur les flancs de la scène antique.

Telles sont à-peu-près les vues que M. Damun se proposoit de remplir par son *Prospectus* ; il faudroit avoir ſon projet ſous les yeux pour pouvoir en dire davantage ; & nous nous bornerons à obſerver qu'il auroit eu vraiſemblablement les inconvéniens de celui de M. M. ** par rapport à la diſtribution des places, & à la grande ouverture du Théâtre, d'autant que ce dernier l'avoit pris pour modele, ainſi que nous en avons fait la remarque.

VI.

Il y a encore quelques Auteurs qui, ſans entrer dans des détails, ont dit en général leur ſentiment ſur l'ordonnance des Théâtres.

M. Blondel, dans ſon *Cours d'Architecture* (1), dont nous avons donné la continuation, penſe que l'intérieur d'une Salle devroit être de forme circulaire ou elliptique, de préférence à celle oblongue qu'on lui avoit donnée juſqu'au temps où il écrivoit, & que ſon plafond devroit toujours être une courbe ſurbaiſſée, pour répercuter plus agréablement le ſon des inſtrumens & de la voix. Il eſtime auſſi qu'il faudroit ſupprimer les loges, & les remplacer par des galeries continues faiſant re-

(1) Il ſe vend chez la veuve Deſaint, Libraire, rue du Foin.

traite dans leur élévation les unes sur les autres ; qu'il seroit à propos de convertir le parterre où l'on est debout, en parquet avec des banquettes où l'on seroit assis ; & qu'enfin il vaudroit mieux partager l'orchestre en deux & le placer au-dessus des balcons de part & d'autre, près de l'avant-scène, que de le laisser subsister à l'ordinaire entre le Théâtre & la Salle. Comme cet Architecte ne motive point ses changemens, & qu'il ne les appuie, ni par aucuns principes, ni par aucuns dessins qui mettent à portée de les apprécier, son sentiment ne mérite aucun égard, & nous nous contenterons seulement d'observer que le partage de l'orchestre qu'il desire le rendroit fort difficile à conduire.

M. Roubo, qui a publié un *Traité de la construction des Théâtres & des machines théâtrales*, y a joint un Projet de Théâtre pour modele. Sans nous arrêter à tous les détails de sa distribution, nous nous bornerons, comme nous l'avons toujours fait, à l'examen de son ordonnance intérieure. La figure qu'il a adoptée est celle d'un demi-cercle de 54 pieds de rayons depuis le bord du Théâtre jusqu'au fond de la Salle, lequel demi-cercle est réuni à l'avant-scène par une courbe qui va en s'évasant. Toutes les places sont distribuées en gradins, & terminées comme au Théâtre antique par une colonnade, avec des double-loges dans la profondeur de ses entre-colonnemens. La Salle est couronnée par un plafond en anse de panier, dont la montée a 18 pieds de haut. L'ouverture du Théâtre est d'environ 45 pieds, & paroît avoir peu de rapport avec l'excessive largeur de cette Salle, qui est de 108 pieds; & pour y obvier, on a placé le bord du Théâtre près de 30 pieds en avant des décorations, de sorte que l'Acteur seroit isolé au milieu des Spectateurs, ce qui feroit beaucoup de tort à l'illusion.

Il ne faut que jetter les yeux sur son plan pour se convaincre de la justesse des observations que nous avons faites en général sur la figure du Théâtre antique, avec des gradins ou des loges en retraite les unes au-dessus des autres, adoptée par M. M** & M. Damun, dont le projet de M. Roubo ne paroît être que l'application. Nous avons remarqué que ces loges en retraite distribuées le long de la courbe du Théâtre antique, abstraction faite de ce que cette courbe étoit peu favorable aux renvois du son au milieu des Auditeurs, exigeroient de toute nécessité, ou de donner une largeur excessive à l'ouverture du Théâtre, ou de laisser un grand nombre de places de souffrance vers cet endroit; M. Roubo a pris le dernier parti.

Si l'on tire en effet sur son plan du milieu de la toile du fond des lignes vers la Salle, & qui passent par les bords de l'ouverture du Théâtre, on s'appercevra qu'il y auroit près d'un tiers des Spectateurs qui seroient privés de voir le fond des décorations. L'inspection de cette Salle convaincra encore, combien les colonnes seroient préjudiciables aux renvois du son & à la vue des places du fond des double-loges; & sa coupe ou son profil ne prouvera pas moins qu'à raison de la concavité excessive du plafond, les rayons du son, au lieu d'être réfléchis suivant les angles d'incidence directement vers les spectateurs, y formeroient divers renvois capables d'occasionner des redondances.

Nous croyons ne pouvoir nous dispenser aussi de parler des *Observations sur la construction d'une nouvelle Salle d'Opéra*, que M. Noverre vient de publier récemment.

Son but principal est d'exposer les défauts du Théâtre de la Salle incendiée, & de faire voir combien le *rétréci* de son local mettoit d'obstacles à son service, & à l'effet de ses décorations. On ne pouvoit se servir, allegue-t-il, de la partie des aîles du Théâtre, placées vers la cour des fontaines du Palais Royal; la sortie

& la rentrée des chœurs & des corps de danse ne pouvoient se faire que par la droite, & tous les événemens étoient obligés d'arriver toujours par-là, d'où il résultoit une monotonie fastidieuse & fatigante pour le public, laquelle mettoit obstacle à ce que les artistes pussent donner l'essor à leur imagination & à leurs talens; il oppose ensuite à ces défauts les moyens d'y obvier dans la nouvelle Salle d'Opéra qu'on doit rebâtir; il insiste principalement sur la nécessité d'isoler cet édifice par rapport au feu & à la facilité des entrées & des sorties, ainsi que sur la distribution de ses accessoires pour disposer avantageusement les réservoirs & les pompes, & pour pouvoir apporter les plus prompts secours, en cas d'événement.

A l'égard de l'ordonnance intérieure de la Salle, de sa décoration & de la disposition des places, à peine M. Noverre en parle-t-il, & il s'est borné à quelques remarques générales. Après avoir dit que, de tous les Théâtres qu'il a vus, il n'y en a pas un seul, dont les défauts ne surpassent les beautés, il recommande aux Architectes de ne point sacrifier, à la décoration d'une Salle, les objets de convenance & qui contribuent aux charmes de la représentation. Il veut que tout se rapporte essentiellement à bien voir & à bien entendre, de quelque endroit de la Salle où se trouve le spectateur, que l'Acteur soit comme le point central du demi-cercle que la forme des loges décrit dans sa totalité. Il ne faut pas, suivant lui, que les assistants soient, ni trop près, ni trop loin du Théâtre; la scène doit être considérée comme un grand tableau, dont on ne peut sentir l'effet que dans un certain éloignement; il est à propos que la décoration des loges soit toujours simple, & que ce soient les femmes qui en fassent le principal ornement, de même que les Acteurs & les décorations celui du Théâtre; enfin, la Salle doit être disposée de façon que le spectateur ne puisse jamais voir ce qui se passe derriere les décorations & dans les coulisses. A cette occasion, M. Noverre fait voir le ridicule des loges qu'on a coutume de placer de part & d'autre du *Proscenium*; il l'attribue à l'appas du gain, à l'ignorance, ou au mauvais goût de ceux qui construisent les Théâtres.

» L'Avant-scène doit être regardée, dit-il, » comme un grand cadre propre à recevoir al» ternativement les tableaux variés que les arts » peuvent offrir. Il faut que le cadre soit noble

» dans sa forme & simple dans ses ornemens; » car s'il est chargé d'or, si la diversité des marbres » papillote, les décorations qui font le fond du » tableau, & les Acteurs qui en forment les » personnages, seront écrasés par les ornemens » & par la richesse. Celle de leurs vètemens sera » bientôt éclipsée; & de ce choc de couleurs » & de magnificence, il ne pourra résulter qu'un » tout désagréable.

On ne sauroit assurément qu'applaudir à ces observations; elles sont vraies, pleines de goût & bien senties. Nous y reviendrons par la suite, en parlant particuliérement de la distribution du Théâtre ou du département des Acteurs: c'est là-dessus principalement que M. Noverre parle en maître, & que son sentiment doit être d'un grand poids, ayant eu occasion de développer, depuis 40 ans, ses talens avec tant de succès, sur presque tous les Théâtres de l'Europe.

ARTICLE XIV.

Application particuliere de la figure elliptique à une Salle de Spectacles.

On a dû s'appercevoir par l'examen des principaux Théâtres, c'est-à-dire, de ceux à la perfection desquels on a apporté vraisemblablement le plus d'attention, qu'il n'y a en effet aucune marche suivie dans leur ordonnance, qu'on a donné indifféremment à leur intérieur toutes sortes de formes, sans se douter qu'il y en eût de privilégiées, & qu'à l'égard de ceux qui ont été opérés avec le plus de depense, on a réussi plutôt à en faire de magnifiques Salles d'assemblée que de véritables Salles de Spectacles.

Toutes ces variétés ne sont-elles pas une preuve sensible qu'on a méconnu jusqu'ici les vrais principes qui devoient servir de base à l'ordonnance de ces édifices, ou du moins qu'on n'y a pas fait encore toute l'attention nécessaire? En vain les connoissances se sont-elles multipliées, en vain les sciences ont-elles fait de nos jours de grands progrès, elles n'ont point tourné leurs regards vers cet objet de nos amusemens, ou bien l'on a négligé de les y appliquer (1). Au défaut de ce flambeau, faut-il s'étonner si l'on a erré dans des tâtonnemens continuels, & pouvoit-on, sans ce secours, se flatter de réussir autrement que par quelque heureux hasard ?

En consultant les Auteurs qui ont écrit sur la composition des Théâtres, on ne remarque ni plus d'accord, ni plus d'unanimité, & tous leurs efforts n'ont abouti qu'à laisser les choses dans l'incertitude. La plupart se sont bornés à proposer leur opinion pour regle, en s'autorisant, soit de la forme du Théâtre antique, soit de quelques exemples particuliers ; & le seul d'entre eux, qui ait essayé de s'appuyer sur des principes, a conclu enfin par regarder toutes les figures de Théâtre comme indifférentes.

Il faut cependant convenir qu'à travers toutes

(1) A l'exception de ce qu'ont écrit les Peres Mersene & Kirker sur l'accoustique, vers le milieu du dernier siecle, aucun de nos Savans n'a entrepris d'approfondir la partie de la Physique qui concerne la théorie des sons.

les tentatives que l'on a faites, on a entrevu, depuis quelque temps, quelle devoit être la véritable ordonnance de l'intérieur d'une Salle de Spectacles, ou du moins celle de laquelle il pouvoit résulter le moins d'inconvéniens. Car, on a affecté d'admettre, dans plusieurs de celles qui ont été bâties récemment, la figure ovale dont un des bouts est tronqué par le Théâtre; & l'on paroît aujourd'hui comme d'accord (sans en avoir néanmoins approfondi la raison), qu'elle est plus favorable que toutes les autres courbes en raquette, en fer-à-cheval, en cloche, circulaire, demi-circulaire, ou demi-ovale, coupée soit suivant le grand, soit suivant le petit diametre, dont on faisoit usage ci-devant indifféremment. C'est sans doute son approximation avec l'ellipse, qui lui a valu cette préférence: & l'on auroit obtenu encore plus d'avantages de la figure ovale, si elle avoit été continuée sans interruption jusqu'au lieu de la scène, ou si on ne s'étoit pas avisé de la changer, en l'évasant à l'approche du Théâtre, comme l'on a fait aux Salles de l'Opéra de Turin, de Paris & de Versailles, & si enfin, l'on ne s'étoit pas permis dans leur pourtour une multitude de licences contraires aux vrais principes, ainsi que nous l'avons fait remarquer successivement.

Revenons donc à ce que nous avons prouvé au commencement de cet ouvrage, & convenons qu'il n'y a que de la figure elliptique seule que l'on puisse attendre tout le succès desiré. Nous l'avons déjà dit, & c'est ici le cas de le répéter; elle n'a aucun des inconvéniens des autres courbes; elle n'oblige pas de donner trop d'ouverture au Théâtre; elle offre la facilité de bien découvrir tout ce qui se doit passer sur la scène, ainsi que les décorations, même des places réputées communément pour être de souffrance & les plus défavorables, sans qu'il soit besoin, ni de l'évaser, ni d'altérer sa courbe, à raison de ce qu'elle n'a pas de cavité trop sensible vers sa plus grande largeur. L'ellipse, avons-nous vu, recele en outre l'avantage inestimable en cette circonstance, qu'en plaçant la scène à l'un des foyers, on est assuré que les rayons de la voix seront toujours rassemblés au fond de la Salle vers l'autre foyer, de maniere à former en cet endroit une colonne sonore par la rencontre de tous leurs renvois; laquelle rencontre ne sauroit être que très-favorable pour la fortifier, pour la faire valoir, & pour augmenter son agrément, sa netteté & son harmonie, soit qu'il s'agisse de parler, soit qu'il s'agisse de chanter.

Car une Salle de Comédie ne doit pas être différente d'une Salle d'Opéra, ni pour la forme, ni même pour l'étendue, comme bien des gens pourroient le croire. Le chant & la parole n'étant que des modifications de la voix, exigent également l'un & l'autre de l'unanimité dans les renvois, pour en augmenter la force, la plénirude, pour empêcher qu'elle ne paroisse sourde, déchiquetée, énervée ou dénaturée par des redondances : ce qui est avantageux à l'une de ses modifications, doit nécessairement l'être aussi à l'autre. Que l'on ne dise pas que le chant s'entend plus loin que la parole : cela pouvoit être vrai suivant notre ancienne musique françoise, où les chanteurs se croyoient obligés de forcer leur voix extraordinairement ; mais aujourd'hui que l'on est revenu au simple, au naturel, que l'on a compris que la vraie musique ne consiste pas à étonner les oreilles, & qu'au contraire, pour bien chanter, l'essentiel consistoit à savoir modérer sa voix, la soutenir, & la conduire par des nuances imperceptibles, on a reconnu en même tems qu'une Salle d'Opéra ne devoit pas être plus spacieuse qu'une Salle de Comédie.

Il est à croire que s'il y avoit quelques Salles disposées suivant nos principes, on n'y éprouveroit point les désagrémens dont on se plaint journellement. Outre qu'on découvriroit de toutes les places l'action dramatique & les décorations, les Acteurs, sans être obligés à de grands efforts, seroient également entendus par-tout : leur voix se trouvant soutenue de tous côtés, paroîtroit toujours pleine, sonore ; & sans sortir du ton d'une conversation ordinaire, on n'en perdroit rien, & les auditeurs ne seroient pas obligés d'en deviner souvent une partie, malgré toute leur attention.

En vain les Amateurs de colonnes, & ceux qui croient qu'on ne sauroit exécuter un morceau important d'architecture sans leur secours, prétendroient-ils que, pour relever le coup-d'œil d'une Salle de Spectacles, il seroit avantageux d'en orner son pourtour ; nous pensons au contraire qu'elles ne sauroient être que nuisibles en pareil cas. Un Ancien avoit, dit-on, une lyre d'un accord parfait ; une des cordes s'étant rompue, il voulut la remplacer par une corde d'or, & tout l'accord de sa lyre fut détruit. Tel est l'effet qui résulteroit infailliblement de la magnificence indiscrete que l'on admettroit dans un lieu où tout doit tendre à favoriser l'harmonie. Que l'on prodigue à la bonne heure toutes les richesses de l'architecture, pour l'ornement des Sallons, des Galeries, des Salles de bal ou d'assemblée; que l'on en décore, si l'on veut, les portiques, les foyers & les accompagnemens d'un Théâtre, mais elles sont déplacées à coup sûr dans une Salle de Concert ou de Spectacles. Les colonnes, les entablemens, les caissons avec leurs rosasses, les calottes, les draperies, les ressauts, les figures & les ornemens en relief, ne sont capables que d'assourdir le son, de le déchiqueter, de faire tort à sa libre circulation, de troubler son accord, ou d'occasionner des dissonances toujours préjudiciables à sa netteté. Encore un coup, dût-on nous accuser de nous répéter, un Théâtre, relativement à son objet qu'il ne faut pas perdre de vue, doit être un composé de formes optiques & accoustiques, les plus propres à favoriser les yeux & les oreilles; & tout ce qui contrarie ce but doit être invariablement proscrit dans son ordonnance : c'est la peinture à fresque qui doit faire presque tous les frais de ses embellissemens; & cette ressource entre les mains d'un Artiste de goût & de génie, est encore très-susceptible de lui procurer un coup-d'œil séduisant & un ensemble agréable; ce n'est que faute d'avoir réfléchi sur ces principes constitutifs, qu'on les décore autrement.

Examinons encore un moment, s'il est vrai que les

es colonnes ſoient auſſi capables qu'on l'imagine de procurer quelqu'agrément à l'intérieur d'une Salle de Spectacles. De deux choſes l'une ; ou bien l'on emploiera les colonnes à porter particuliérement les différens étages de loges, & en ce cas leur diametre ne pouvant être que très-petit, elles n'auroient point de grace en exécution, & n'offriroient qu'une décoration meſquine ; ou bien on les diſtribuera au pourtour, de façon à occuper toute la hauteur de la Salle, comme à celle de Bordeaux, avec des rangs de loges en ſaillie dans leur intervalle ; & alors il arrivera que d'une part les colonnes nuiroient par leur relief aux places du fond des loges voiſines du Théâtre, & que d'autre part la ſaillie des loges, ſi ce n'eſt du point central de la Salle, feroit paroître la plupart de ces colonnes comme mutilées ou coupées par tronçons, ce qui ne ſeroit aucunement agréable à voir ; la beauté d'une colonne conſiſtant eſſentiellement à n'être jamais interrompue dans toute ſa hauteur ; & quoiqu'elle ne le ſoit pas en effet dans cette circonſtance, il ſuffit pour le ſpectateur qu'elle en ait l'apparence, pour n'en pas recevoir tout l'agrément qu'il a droit d'en attendre. Le ſeul lieu d'une Salle de Spectacles où l'on puiſſe placer des colonnes avec quelque ſorte de succès, c'est évidemment à l'ouverture du Théâtre, parce qu'alors il est toujours possible de les découvrir en entier sans obstacle.

La courbe elliptique ayant été reconnue pour receler les conditions essentielles à l'ordonnance d'un Théâtre moderne, il n'est question pour lui conserver cet avantage, avons-nous prouvé *page* 30, que d'assigner des relations constantes entre les dimensions d'une Salle, sa longueur, sa largeur, sa hauteur, l'ouverture du Théâtre & la position du *proscenium* ou de l'avant-scène; mais à dessein de ne nous point borner à des généralités, comme nous avons fait jusqu'ici, nous allons déterminer particuliérement toutes ces relations, & en faire l'application aux *Figures VII*, *VIII* & *IX* qui représentent les plans & profils de l'intérieur d'une Salle d'Opéra ou de Comédie de la plus grande étendue.

Soit AB & CD, *Fig. VII*, les deux diametres d'une ellipse dans le rapport de 4 à 3 (1) : le premier étant de 72 pieds, portée commune de la vue & de la voix, le second sera conséquemment

(1) Ce rapport est celui de la longueur à la largeur de la Salle de Turin & de l'ancienne Salle de l'Opéra de Paris.

de 54 pieds. Après les avoir croisés à angles droits, de maniere à se couper réciproquement en deux parties égales, on déterminera les foyers à l'ordinaire, en prenant avec un compas la longueur AE, moitié de AB, que l'on portera en C & D, extrémités du petit diametre, de part & d'autre vers AB, & leur intersection F & G donnera, sur le grand, la place des foyers.

On tracera ensuite l'ellipse; soit à la main, en élevant tant de perpendiculaires qu'il sera besoin au grand diametre, sur lesquelles on déterminera par des moyennes proportionnelles entre le grand & le petit diametre, les points par où doit passer sa courbe; soit par un mouvement continu à l'aide d'un cordeau égal en longueur à AB, & fixé aux foyers, en observant de le tendre uniformément.

Cela étant fait, pour trouver le devant du Théâtre & du *proscenium*, il n'est besoin que de tronquer l'ellipse par un bout vers le quart de son grand diametre, ou de partager EB en deux par la ligne MN. Par ce moyen le bord du Théâtre MN, sera à 18 pieds de l'extrémité B, & AQ se trouvera égal à CD, c'est-à-dire, aura aussi 54 pieds, d'où il s'ensuit que la Salle aura particuliérement autant de longueur que de largeur.

A l'égard de l'ouverture du Théâtre & de l'étendue de l'avant-ſcène, ils doivent être réglés par le plus ou moins de profondeur du Théâtre, & de maniere qu'il ſoit aiſé d'appercevoir de toutes les places la toile du fond des décorations.

Suppoſons le milieu I de cette toile éloignée d'environ 60 pieds de la ligne MN, bord du Théâtre, il n'eſt queſtion, pour obtenir cet avantage, que de tirer des extrémités C & D de la plus grande largeur de la Salle, des lignes C I & D I; & leur interſection O & P avec la courbe elliptique donnera, non-ſeulement l'ouverture du Théâtre, c'eſt-à-dire, ſa largeur & ſa hauteur qui ſera d'environ 36 pieds ou la moitié du grand diametre, mais encore la profondeur de l'avant-ſcène M O, N P, qui aura près de 8 pieds, ou le neuvieme du grand diametre.

Faites attention que, ſuivant tous ces rapports, le foyer F ſe trouve tout naturellement placé au milieu du *proſcenium*, & que par conſéquent tous les rayons d'air F R, F H, F I, F K, mis en mouvementpar la voix, doivent être renvoyés de néceſſité vers l'autre foyer G, ou au milieu du parquet.

Comme la diſpoſition des loges, du parquet ou parterre, de l'orcheſtre, du plafond, de l'avant-ſcène & du Théâtre, demande des conſidérations particulieres pour parvenir à composer un tout raisonné avec la figure elliptique, il s'agit d'examiner séparément chacun de ces différens objets, avant de continuer la description de nos figures.

De la disposition des Loges.

Une des principales difficultés de l'ordonnance des Théâtres modernes, est de réussir à y distribuer les places d'une maniere agréable & commode, parce qu'indépendamment de leur sol, on veut encore en couvrir tous les murs, à dessein de les multiplier. Les Anciens avoient imaginé de les disposer en amphithéâtre avec des gradins; mais cette disposition, avons-nous déjà remarqué, paroît trop contraire à nos étiquettes, à nos usages, à nos mœurs. Nous sommes habitués depuis long-tems à des loges; elles facilitent à chacun d'assister au Spectacle, suivant son rang ou ses moyens, & de s'y rassembler avec ses compagnies ou ses sociétés ordinaires. Les femmes, accoutumées depuis long-tems à faire le principal ornement de cet objet de nos plaisirs, ne trouveroient pas leur compte à ces gradins sur lesquels elles paroîtroient isolées & confondues : la propreté des habits paroît même répugner à cette distribution ; outre cela, c'est la location des loges à l'année qui produit le revenu le plus assuré des Théâtres permanens dans les grandes Villes ; & peut-être se soutiendroient-ils difficilement sans leur secours. Tant de considérations suffisent pour persuader que l'on tenteroit en vain de se passer de loges, & qu'ainsi il ne s'agit que de décider quelle est la disposition dont il pourroit résulter le plus d'avantages.

Disposera-t-on les rangs de loges au pourtour du parterre ou du parquet en retraite totale, l'un au-dessus de l'autre, comme on l'a conseillé dans un des ouvrages que nous avons analysé, en laissant des passages entre leurs différens étages, & douze pieds environ de mur nu de part & d'autre de la scène, ainsi qu'au-dessus des loges les plus élevées jusqu'au plafond dans tout le pourtour de la Salle, pour obtenir des renvois ? Cette disposition, qui pourroit être à un certain point avantageuse à l'ouie, s'écarteroit trop de nos étiquettes & l'on souffriroit difficilement de laisser autant de surfaces libres.

Placera-t-on les rangs de loges à-plomb les uns des autres avec des piliers sur le devant, & des cloisons de séparation dans toute leur hauteur ? mais il n'y a personne qui ne soit maintenant d'accord que cette multitude de petites cellules, où le ſon s'engouffre ſans ceſſe en détail, ne ſoit auſſi contraire à la viſion qu'à l'ouie; & que ſi cette diſtribution tient au ſurplus aux uſages d'Italie, nous n'avons en France aucune raiſon pour l'admettre.

Se bornera-t-on à ſupprimer les cloiſons de ſéparation, en laiſſant ſeulement ſubſiſter les piliers ſur le devant des loges, comme aux anciennes Salles de la Comédie Françoiſe & Italienne à Paris? l'inconvénient ſera à la vérité beaucoup moindre, mais ſubſiſtera encore en partie, & la viſion ſera toujours gênée par les piliers, ſans compter qu'ils altéreroient ou interromproient la réaction du ſon.

Toutes réflexions faites, il nous paroît que la ſituation la meilleure à tous égards, & dont il peut réſulter le plus de ſatisfaction, c'eſt d'élever les différens rangs de loges à-plomb les uns des autres, ſans piliers apparens ſur le devant, & de les diſtribuer au pourtour d'une Salle en maniere de balcons continus, comme à l'ancien Théâtre de l'Opéra de Paris. Quelque choſe que l'on veuille alléguer contre cette diſpoſition, que les *Figures VIII & IX* rendent ſenſibles, les inconvéniens ſeront toujours moindres que de la part de toute autre. On ne sauroit nier qu'elle naît en général de la noblesse, de la grace, qu'elle n'offre un bel ensemble, qu'elle ne soit très-favorable pour découvrir le Spectacle, & qu'à l'aide de la figure elliptique, les ceintures de ces balcons, par leur isolement, ne fussent également propres à renvoyer le son vers le milieu de la Salle, comme les murs qui leur seroient adossés. Mais, afin d'obtenir de ces ceintures tout l'effet desiré, il conviendroit de les faire toujours unies & d'à-plomb, c'est-à-dire, sans aucun bombement, & sans y admettre ni balustres, ni draperies, ni ornemens en relief; tout cela n'étant capable que de recéler de la poussiere, de déchiqueter le son, & de faire tort au concert de ses renvois.

La principale objection que font ceux qui désapprouvent les différens étages de loges, c'est de dire qu'ils divisent le son dans la hauteur d'une Salle; ce qui est vrai suivant la maniere ordinaire de les disposer, & sur-tout quand leur plancher offre comme de coutume une surface plane qui absorbe le son au fond des loges, ou le renvoie au hasard: mais quelle difficulté y auroit-il donc de terminer le haut des loges en voussure, de façon à offrir des especes de courbes spéroïdales tout au pourtour de la Salle? Par ce moyen la ceinture des balcons, le mur du fond & les voussures de leur plafond se trouvant liés par des formes accoustiques, bien-loin de préjudicier à la voix, la réfléchiroient conjointement vers la colonne sonore ou le milieu de la Salle : il n'est question que de consulter la maniere dont s'opéreroient les renvois, pour lever tout doute là-dessus. Que si l'on ajoute ensuite à cette disposition de loges, l'attention de revêtir tous leurs murs d'un lambris de bois mince, assemblé comme le corps d'un instrument de musique, & d'isoler en outre ce lambris desdits murs au moins d'un pouce ; alors le son étant soutenu par un air appuié, se trouveroit aussi favorisé qu'il puisse l'être, & comme il rencontreroit de toutes parts des matieres sonores, il ne seroit plus question que d'éviter les angles vicieux, les ressauts & les ouvertures pour en obtenir le plus grand effet.

Il est à remarquer que les différentes ellipses ne pouvant être concentriques comme les ovales, l'ellipse qui formeroit la ceinture des balcons, auroit ses foyers un peu plus rapprochés que celle du fond des loges, de sorte que les renvois contre le devant desdites loges, leurs voussures & le mur adossé, ne coïncideroient pas tous exactement au même point ; mais cela ne sauroit être de quelque conséquence, parce que la nature n'eſt jamais tellement préciſe dans ſes opérations, qu'un peu plus ou un peu moins puiſſe occaſionner une différence ſenſible. Joignez à cela que les Acteurs ne ſont pas toujours au milieu de la ſcène, & qu'en avançant ou en reculant, ils doivent faire varier auſſi la direction des renvois du ſon : ainſi, ſoit que la voix ſe trouvât réfléchie par les ceintures des balcons, ou par leur vouſſure, ou par le mur qui leur eſt adoſſé, il n'en pourroit réſulter aucune corruption; & il arriveroit ſeulement que la colonne ſonore embraſſeroit un plus grand eſpace, ce qui ne ſeroit pas défavorable aux auditeurs.

En voyant les fréquens incendies auxquels ſont ſujets les Théâtres, il ſeroit ſans doute à déſirer que l'on trouvât quelque expédient capable d'y obvier. Depuis vingt ans, en voilà un nombre qui ont été la proie des flammes, à Vienne, à Milan, à Stockolm, à Veniſe, à Bologne, à Lyon, à Paris, à Mantoue, à Amſterdam, à Saragoſſe, &c. & dans les deux dernieres Villes, cet accident eſt arrivé pendant le Spectacle, de ſorte qu'une infinité de citoyens en ont été la victime. On a fait à Amſterdam, à Vienne & à Paris, divers eſſais d'enduits & de vernis, à l'aide desquels on prétendoit rendre le bois incombustible, & même les toiles des décorations théâtrales; mais toutes les épreuves n'ont réussi qu'à suspendre pendant quelques minutes l'action du feu, à peu près comme font les plâtres, dont on lambrisse le dessous des planchers des appartemens (1).

Nous avons vu qu'on a bâti à Florence & à Bologne deux Théâtres, dont toutes les loges & les plafonds ont été exécutés, soit en pierre, soit en briques, afin de les préserver du feu; mais, comme nous l'avons remarqué, on n'a pas été tenté depuis de prendre leur construction pour modele. Quelque favorable qu'elle

---

(1) Ce qui a été proposé de mieux à ce sujet est une méthode que l'on trouve dans les *Mémoires de l'Académie des Sciences de Suede*; laquelle consiste à faire tremper, à plusieurs reprises, les bois de construction dans une forte décoction ou dissolution d'alun ou de vitriol, en observant de laisser sécher à chaque fois le bois qui a été trempé. Quoique ce moyen ne rende pas le bois incombustible, il a été prouvé qu'il réussissoit du moins à l'empêcher de donner une flamme propre à communiquer l'incendie; ce qui pourroit être favorable à un certain point pour retarder les progrès du feu, & donner le temps de le secourir.

soit à la sûreté publique, on a éprouvé qu'elle n'est rien moins qu'avantageuse; la pierre & la brique n'ont ni l'élasticité ni la propriété du bois, pour faire valoir les instrumens, pour augmenter leur mélodie, pour rendre la voix sonore, harmonieuse. Aussi observe-t-on que les deux Salles en question sont sourdes, que leurs voûtes produisent des especes de redondances préjudiciables à la netteté du son, que les voix en général y paroissent maigres, sans agrément, & ne reçoivent pas, à beaucoup près de leur réaction contre les entours en pierre ou en briques, autant de force que l'on en obtient d'ordinaire des constructions en charpente & en menuiserie.

Eu égard à ces raisons, & puisque c'est une nécessité d'environner le pourtour d'une Salle de matieres sonores & élastiques, à dessein de rassurer du moins le public contre le danger du feu qui se manifesteroit pendant le Spectacle, nous croyons qu'il seroit prudent de voûter toujours en briques tous les corridors des loges, comme on l'a pratiqué à quelques Théâtres, & entre autres à ceux de Naples & de Turin; ce qui seroit facile, en leur adossant directement un mur de maçonerie au lieu de cloisons de charpente, ſauf, comme il a été dit ci-deſſus, à lambriſſer ce mur en menuiſerie en-dedans de la Salle, pour ne point préjudicier à l'harmonie. Alors en cas d'événement, dès la ſortie de ſa loge, chacun ſe trouveroit hors de danger (1). On auroit derriere ſoi une retraite ſûre dans les corridors, d'où l'on pourroit enſuite gagner les eſcaliers, qui, par la même raiſon, devroient auſſi être toujours bâtis en pierre.

Ces murs produiroient en outre deux autres avantages; l'un d'empêcher le bruit ordinaire des corridors, occaſionné par les allans & les venans, de ſe faire entendre dans les loges, & de diſtraire les auditeurs; l'autre de parvenir à aſſurer, autrement que par des tirans de fer inſérés dans les ſéparations des loges, la ſolidité de leur plancher en baſſecule.

Du Parterre ou Parquet.

On ne connoît point chez les Etrangers ce qu'on appelle en France le *Parterre*. L'eſpace compris

(1) Bien entendu qu'on n'y ſeroit pas renfermé à l'ordinaire, comme en chartre-privée, par les ouvreuſes de loges, & qu'il ſeroit libre à tout moment d'en ſortir ou de les ouvrir par dedans à volonté.

entre le pourtour des loges & l'orcheſtre ſe nomme *Parquet*, & eſt toujours garni de banquettes ſur leſquelles tout le monde eſt aſſis. Il n'y a qu'à Paris & dans nos Provinces où il ſoit d'uſage, ſur-tout dans les principaux Théâtres, de ſe tenir debout en cet endroit quatre & cinq heures de ſuite. Nous diſons dans les principaux Théâtres, parce que dans les petits Spectacles des Boulevards, des Foires S. Germain & S. Laurent, cet abus a déjà été réformé, & il faut eſpérer qu'il le ſera ſucceſſivement dans les autres.

Que d'inconvéniens ne réſulte-t-il pas de cette maniere d'aſſiſter à l'Opéra ou à la Comédie? On y voit ſouvent les ſpectateurs ſe preſſer les uns les autres, comme dans une ſédition populaire, ce qui eſt indécent, interrompt quelquefois les Pieces, occaſionne des querelles, facilite les vols, cauſe des rhumes ou des pleuréſies en ſortant de ces lieux tout en ſueur, produit ſouvent des nuages de pouſſiere très-incommodes, & favoriſe enfin les cabales pour ou contre les Pieces nouvelles. « Les » Repréſentations dramatiques, a dit avec raiſon » un homme de Lettres (1), n'auront de la dé-

(1) Note ſur *l'Eloge de Racine*, par M. de la Harpe.

» cence & de la dignité; les jugemens du Pu-
» blic n'auront une expression marquée & incon-
» testable que quand tous les spectateurs seront
» assis. Il est certain que les cabales & les par-
» tis, qui se cachent aisément dans une foule
» qui se tient debout & en tumulte, seroient
» à découvert dans une assemblée d'hommes
» assis. Alors chaque personne est en vue à toutes
» les autres, & craint de déshonorer son ca-
» ractere & son jugement. Alors le parterre ne
» seroit plus un champ de bataille, où chaque
» parti se distribue par peloton; on ne diroit
» pas à ceux qui arrivent, venez-vous pour ap-
» plaudir? mettez-vous là : venez-vous pour
» siffler? mettez-vous ici : on ne diroit plus
» nous ferons tomber celui-ci, nous ferons triom-
» pher celui-là. »

En conséquence de cette réforme, au lieu d'un parterre & d'un amphithéatre, on feroit seulement un parquet continu depuis l'orchestre jusqu'au fond de la Salle, lequel seroit environné par un balcon *e*, *Fig. VII*, comme dans nos dessins. Il résulteroit de cette disposition un plus beau coup-d'œil, plus d'uniformité, & l'élévation de l'amphithéatre au-dessus du parterre ne cacheroit plus la vue des premieres loges du bout de la Salle.

Au ſurplus, que l'on continue ou non à reſter debout dans le parterre, il ſeroit convenable de placer toujours les entrées d'un lieu auſſi fréquenté ſur les côtés près de l'orcheſtre, comme à l'ancienne Salle de l'Opéra de Paris; non-ſeulement de crainte que la colonne d'air qui viendroit par les portes, ſi elles étoient ſituées vers le bout oppoſé au Théâtre, ne fît tort à l'extention de la voix des Acteurs en la repouſſant vers le lieu de la ſcène, mais auſſi, parce qu'en ſuppoſant les ſpectateurs debout, les reflus n'auroient pas lieu auſſi facilement, à cauſe de la pente du parterre qui s'y oppoſeroit.

Nous n'eſtimons pas qu'il fût convenable d'admettre un rang de loges au pourtour du parquet, tant parce qu'elles ne formeroient que des cavités préjudiciables au renvoi, que parce qu'elles mettroient obſtacle à pratiquer différentes iſſues pour déboucher promptement, en cas d'événement, dans les corridors voiſins; & nous croyons qu'il ſeroit plus avantageux de placer, en avant des premieres loges, un balcon bordé d'un appui en fer avec un ſeul rang de ſieges dans ſon pourtour, ſi ce n'eſt vers ſes extrémités près de l'orcheſtre, où il y en auroit pluſieurs. Ces places qui ſeroient les plus diſtinguées du Spectacle,

ne

ne préjudicieroient en rien par leur position, ni à la libre circulation du son, ni à la vue des premieres loges, ainsi qu'il est aisé d'en juger par le profil des *Fig. VIII & IX.*

De l'Orchestre.

On s'accorde généralement à placer l'orchestre entre le Théâtre & le parquet : par cette position, elle éloigne le Spectateur du lieu de la scène, & contribue à augmenter l'illusion, qui a toujours besoin d'une certaine distance pour produire son effet.

Il y a des Musiciens qui pensent que pour la rendre sonore, il convient de faire son plancher en maniere de grillage de bois, & de laisser au-dessous un vuide d'environ 4 ou 5 pieds de profondeur. En décrivant, entr'autres, le Théâtre de Turin, nous avons remarqué qu'on avoit pratiqué sous l'orchestre une voûte renversée avec un tuyau de bois à chaque bout, qui aboutit de part & d'autre aux extrémités de l'avant-scène, & que c'est à ces vuides ou à ces especes de culasse que l'on attribuoit en partie le grand effet de la plupart des orchestres d'Italie.

M. Rousseau de Genêve, dans son *Diction-*

naire de Musique, va plus loin; il voudroit que pour rendre encore un orchestre plus sonore, on observât toujours de l'isoler de toutes parts, qu'on laissât un vuide au milieu de la cloison qui la sépare du parquet, que cette cloison fût assemblée aussi exactement que le corps d'un instrument, & que même les sieges des Musiciens ne la touchassent pas. Nous ignorons si cela a été pratiqué, mais il y a lieu de croire que cette disposition d'orchestre n'opéreroit qu'un bon effet, sur-tout si l'on y joignoit la voûte renversée ci-dessus, & si l'on exécutoit cette voûte en bois mince de menuiserie, en observant de l'isoler dans tout son pourtour & de l'arrondir aussi vers ses extrémités : L, *Fig. VII & VIII*, donnent une idée de cet arrangement.

Du Plafond.

La disposition du grand plafond, qui termine les Salles de Spectacles, ne contribue pas moins à leur succès que leur figure. Destiné à faire l'office de rabat-voix, à peine y entendroit-on le plus souvent sans son secours, sur-tout quand leur pourtour n'est pas disposé pour rassembler les renvois du son, & quand il est subdivisé en une multitude de petites cellules comme en Italie. Nous avons sans cesse observé que les surfaces planes n'étoient pas propres à renvoyer la voix avec harmonie, & qu'il n'y avoit que les figures concaves qui eussent la propriété de la faire valoir; c'est pourquoi il convient donc de s'attacher à choisir une forme de plafond qui soit susceptible de la recueillir, d'empêcher qu'elle ne se perde, de la fortifier, & en un mot de la réfléchir avantageusement vers les auditeurs. En consultant la figure elliptique qui a été reconnue si favorable au pourtour d'une Salle, on s'appercevra qu'elle peut l'être également aux renvois du plafond, & qu'il ne s'agit, pour en obtenir l'effet convenable, que de la terminer en maniere de courbe sphéroïdale vers le fond de la Salle où s'opérent principalement ces renvois.

Cette disposition de plafond, que les figures VIII & IX rendent palpables, est celle du Théâtre de Turin, dont on fait une estime particuliere. Toute la difficulté est de fixer la montée de cette courbe, parce qu'en la faisant trop concave, il pourroit en résulter des redondances: celle du Théâtre en question est d'environ cinq pieds de hauteur, & nous estimons qu'il ne faudroit jamais donner davantage.

Mais, pour obtenir d'un plafond tout l'effet désiré, il est à propos de joindre à sa forme générale diverses attentions propres à y concourir.

La premiere consiste à l'exécuter de façon à le rendre sonore : pour cela il convient de l'opérer avec des planches bien jointives assemblées comme une espece de parquet, & de l'isoler en même temps du plancher supérieur, en le suspendant à celui-ci, à l'aide de petites chaînes ou de crochets, & en observant de laisser un vuide entr'eux, d'environ un pied dans sa partie supérieure, qui soit fermé exactement dans tout son pourtour : alors il fera l'effet d'un tambour qui ne resonne que parce que l'air qu'il contient est appuyé de tous côtés : supprimez une de ses peaux, il s'en faudra bien que l'on en tire autant de son qu'auparavant ; aussi la même chose arriveroit-elle si l'on s'avisoit de faire un plafond simple, & sans y pratiquer un vuide.

La deuxieme est d'encadrer tout son pourtour par une corniche qui l'enveloppe sans interruption, depuis le fond de la Salle jusqu'au-devant de la scène, dont les moulures soient simples, & avec des ornemens plutôt peints qu'en relief. Nous ne pensons pas qu'il soit nécessaire d'étendre un plafond jusqu'à l'ouverture du Théâtre sur l'avant-scène, parce que la réflexion de la voix, qui peut avoir lieu au-dessus de la tête de l'Acteur, est peu considérable en comparaison de celle qui s'opere vers le fond de la Salle, où elle est dirigée principalement, à raison de l'obliquité du canal dont elle sort, & du sphéroïde d'air qu'elle met en mouvement.

La troisieme doit avoir pour objet de ne point admettre des figures ou des ornemens en relief dans un plafond ou tout autre corps, dont la saillie produiroit des cahotages nuisibles aux renvois & à leur libre circulation : le grand plafond de la Salle des machines au Château des Tuileries, avec ses sculptures, ses rosasses & ses compartimens, ne devoit assurément être gueres propre à favoriser le son.

La quatrieme est de peindre les tableaux, les arc-doubleaux & les ornemens d'un plafond immédiatement sur le bois, & plutôt à fresque qu'à l'huile, non-seulement parce que la premiere a plus d'éclat & est moins sujette à changer, mais encore parce que la toile & l'huile seroient capables d'émousser le son, d'empêcher l'élasticité du bois, & de nuire au timbre à espérer de sa construction.

La cinquieme, enfin, eſt d'éviter de pratiquer des loges ou de grands renfoncemens, comme l'on fait quelquefois au-deſſus de la corniche, dans la naiſſance d'un plafond; car ces ouvertures, par leur poſition, engloutiſſent le ſon ſans aucun eſpoir de retour, & font un tort ſenſible à ſon renvoi. Une autre licence toute auſſi préjudiciable, c'eſt le grand trou qu'il eſt ſouvent d'uſage de pratiquer au milieu du plafond, & que l'on tient volontiers ouvert pendant tout le Spectacle, ſous prétexte de faciliter le renouvellement de l'air de la Salle. Il ſeroit d'autant plus nuiſible, ſuivant notre projet, qu'à raiſon de ſa forme elliptique, il ſe trouveroit immédiatement au-deſſus de la colonne ſonore. Ce n'eſt pas, au ſurplus, que nous déſapprouvions cette eſpece de ventillateur, puiſqu'il a un but utile; mais nous eſtimons qu'on devroit le tenir plus ſouvent fermé, & ne l'ouvrir que pendant les entre-actes & les ballets; temps qui ſeroit ſuffiſant pour renouveller l'air, & rompre la colonne de chaleur qui s'éleve du parterre & des loges.

De l'Avant-ſcène.

Le *Proſcenium* ou l'avant-ſcène a pour but de préparer l'ouverture du Théâtre. Dans quelques Salles de Spectacles, telles que celles de Parme & de Manheim, le Théâtre n'en eſt ſéparé que par un ſimple mur; de ſorte que l'Acteur quand il parle ſe trouve néceſſairement vis-à-vis des premieres couliſſes, & que, pour peu qu'il n'ait pas l'attention de ſe tenir ſans ceſſe vers le bord du Théâtre, ſa voix court riſque de ſe perdre en partie dans les premiers chaſſis des décorations. On a remédié à ce défaut dans pluſieurs Salles, comme à Naples, à Milan, à Rome, en avançant le bord du Théâtre dans la Salle, ce qui paroît trop iſoler l'Acteur au milieu des Spectateurs & faire tort à l'illuſion théâtrale. C'eſt pour éviter ces deux inconvéniens qu'on a imaginé une avant-ſcène, qui eſt comme un lieu mixte entre la Salle & le Théâtre, & deſtiné à préparer l'ouverture de celui-ci.

Le grand art eſt de la diſpoſer de façon à ne point préjudicier à la vue & à l'effet des décorations; elle doit leur ſervir comme d'encadrement, & être diſpoſée à la fois de maniere à renvoyer la voix vers les auditeurs, & à l'empêcher de se perdre dans les coulisses. C'est pourquoi il convient de la bâtir en bois, de la revêtir de matieres sonores également comme le pourtour de la Salle, & de la composer de surfaces propres à la réflexion du son vers le fond.

Est-ce donc remplir ce but que de pratiquer, de part & d'autre, des loges dans toute la hauteur de l'avant-scène? Est-il rien de plus capable de faire tort à la voix? Dès son débouchement ne se trouve-t-elle pas évidemment engloutie dans ces especes de gouffres, auxquels on affecte même de ne donner aucune communication avec la Salle en les fermant exactement par les côtés? C'est un abus intolérable, & sur lequel il faut espérer que l'on ouvrira enfin les yeux pour l'intérêt du Public.

A considérer d'ailleurs la position de ces loges, par rapport au Spectacle, il est constant que ceux qui les occupent sont très-mal placés à tous égards: ils voient les murs du fond des coulisses; ils sont trop près pour juger du jeu de l'Acteur; ils entendent les efforts de sa respiration; ils le voient par le côté ou par le dos, ou bien les mouvemens de son visage leur paroissent des convulsions:

ils jouissent encore bien moins du dessin des ballets, & l'illusion des décorations est absolument perdue pour eux ; enfin les sons des divers instrumens de l'orchestre, n'ayant pas eu encore le tems de se fondre suffisamment, & frappant leurs oreilles trop brusquement, doivent leur paroître durs & sans agrément. D'après l'exposé de tous ces désavantages réels des loges de l'avant-scène, il n'y a assurément personne qui ne doive sentir combien leur suppression seroit intéressante.

C'étoit bien pis ci-devant ; on souffroit dans nos Salles de Comédie plusieurs rangs de banquettes à l'ouverture du Théâtre, lesquelles étoient environnées d'une balustrade en fer ; & lors du concours de quelque nouveauté, l'affluence des spectateurs étoit quelquefois si grande, qu'à peine restoit-il une place suffisante aux Acteurs pour jouer la Piece. Cet abus, qui a encore lieu dans plusieurs Salles de Province, metroit nécessairement obstacle à toute action grande & théâtrale, & rendoit nos Pieces dramatiques de longues conversations en cinq actes. On n'osoit hasarder en conséquence des Spectacles pompeux, des actions majestueuses & terribles, qui, bien ménagées, sont un des principaux ressorts de la Tragédie. « Comment » apporter, disoit M. de Voltaire, le corps de

» César sanglant sur la scène? comment faire des-
» cendre une Reine éperdue dans le tombeau de
» son époux, & l'en faire sortir mourante de la
» main de son fils, au milieu d'une foule qui
» cache le tombeau & le fils & la mere, &
» qui énerve la terreur du Spectacle par le con-
» traste du ridicule (1)?

Heureusement on a ouvert les yeux là-dessus, & cette réforme a nécessairement augmenté les plaisirs que l'on reçoit des représentations des Pieces dramatiques : en même tems qu'elle leur a donné plus de vraisemblance, elle a permis d'allier la pompe d'un appareil nécessaire & la vivacité d'une action terrible, à la force des sentimens & des pensées.

Du Théâtre.

Quoique le Théâtre ou le département des Acteurs n'ait de relation avec l'ordonnance d'une Salle de Spectacles, que par rapport à son ouverture, nous croyons néanmoins devoir exposer ce que nous pensons sur sa distribution.

Le plus ou moins d'étendue d'un Théâtre doit

---

(1) Préface de *Sémiramis*.

dépendre du genre de Spectacle auquel on le destine. Celui d'une Salle d'Opéra doit évidemment être plus grand que celui d'une Salle de Comédie, afin d'y pouvoir développer l'action avec appareil, placer des chœurs nombreux ſans confuſion, deſſiner des ballets compoſés, ordonner des marches triomphales, & préſenter en un mot de grands ſpectacles à machines, capables de faire de ce lieu le palais de la magie.

Sa diſtribution ſemble plus du reſſort du Machiniſte ou du Peintre-décorateur, que de l'Architecte : il ſuffit qu'un Théâtre ſoit diſpoſé en général de façon à faciliter tous les changemens de décorations, ſoit qu'il s'agiſſe de les faire deſcendre du haut du Théâtre ou monter du deſſous, ſoit que l'on veuille opérer des vols de face ou de côté, ſoit que l'on deſire imiter des tempêtes, des naufrages, des embrâſemens. Les Italiens excelloient beaucoup, le ſiecle dernier, dans ce genre ; & maintenant ce ſont les François qui l'emportent ſur les autres, depuis ſur-tout les admirables Spectacles à machines que le célebre Servandoni a donné ſur le grand Théâtre des Tuileries, tels que la *Deſcente d'Enée aux Enfers*, la *Jéruſalem délivrée*, &c.

Les décorations ayant pour but de repréſenter le lieu déterminé d'une action, il convient qu'elles soient analogues ou conformes au génie des peuples & au goût du siecle où il est à présumer qu'elle a dû se passer & il ne seroit pas moins absurde d'introduire de l'architecture grecque ou gothique dans la représentation d'un palais de la Chine, que de l'architecture chinoise dans le palais d'un Empereur Romain : l'essentiele est de faire ensorte que le spectateur se croie véritablement transporté dans les tems & dans les lieux où se passe l'action, que tout les lui rappelle sans cesse, les retrace à son imagination, comme si la chose étoit réelle, qu'il y remarque les habillemens, les armes, le goût des peuples, les différens costumes.

Il n'y a pas de regles positives pour la profondeur d'un Théâtre, mais nous estimons qu'on pourroit limiter en général le plus grand éloignement de la toile du fond des décorations, environ à une fois & demie la largeur de son ouverture, de crainte qu'en prolongeant plus loin le point de vue des décorations, les colonnes ne parussent aussi grandes que les Acteurs, quand ils arriveroient par-là sur la scène.

Le grand art en général est de disposer toutes les entrées, les sorties & les issues sur la scène, tellement que les Acteurs aient sans cesse une force de proportion avec les bâtimens & les corps d'architecture qui les environnent : il faut éviter surtout que les décorations paroiſſent des eſpeces de labyrinthe d'architecture ou des amas de colonnes diſtribuées au haſard, ſans aucune vraiſemblance de ſolidité & dont les plans ſoient fantaſtiques ; car ce ſeroit agir contre le but qu'on ſe propoſeroit : toujours l'illuſion doit avoir pour baſe l'apparence de la réalité ; & ce n'eſt qu'autant qu'on ne perd pas de vue cet objet, qu'on y réuſſit. C'eſt par-là que les Bibienne & les Servandoni ſe ſont acquis tant de réputation.

On ſe plaint journellement qu'on ne s'attache pas aſſez à augmenter la magie du Spectacle dans les Opéra. Lorſqu'on voit deſcendre une Divinité, a-t-on remarqué dans un Ouvrage célebre (1), le preſtige commence ; mais à peine le char a-t-il percé le plafond, que les cordes ſe montrent, & l'illuſion ſe diſſipe : il faudroit, a-t-on conſeillé, ne pas négliger de dérober aux Spectateurs ces vilaines cordes qui changent en un ſpectacle ridicule le plus agréable merveilleux, & de les maſquer par des chapelets de nuages placés avec art. Il

(1) *Dictionnaire de l'Encyclopédie*, au mot *vol.*

est vrai qu'on le fait quelquefois, & l'on ne conçoit pas pourquoi on se néglige souvent là-dessus.

Un autre reproche qui n'est pas moins fondé, c'est la monotomie & l'uniformité qui regnent dans la plupart des décorations théâtrales ; elles n'offrent presque toujours que des rues droites, des galeries, des allées d'arbres & de colonnes. M. Noverre, dans ses excellentes *Observations sur la reconstruction du Théâtre de l'Opéra*, attribue ce défaut au peu de largeur des aîles des Théâtres, & à l'obligation où l'on est de tenir en conséquence les chassis des décorations fort étroits, & de les multiplier pour faciliter leur service.

Le moyen d'y obvier, selon lui, ce seroit de donner de droite & de gauche d'un Théâtre, environ quatre toises depuis le mur jusqu'au premier chassis du *Proscenium*, pour favoriser les changemens de décorations, la manœuvre des ouvriers, l'entrée & la sortie des Acteurs, des corps de danse & des chœurs. Outre cet espace, il voudroit que l'on ajoutât encore de part & d'autre, sur-tout d'un Théâtre d'Opéra, une Salle de trois toises de largeur sur six toises de longueur, avec chacune trois arcades de communication, lesquelles Salles serviroient de dépôt aux décorations qui ne seroient pas de service actuel, à des pompes mobiles pour secourir au besoin le feu promptement, aux chars & aux accessoires. Ce seroit dans ces Salles où l'on disposeroit les chœurs & les corps de danse, de maniere à arriver avec ordre sur la scene.

A l'aide de ces quatre toises de profondeur de part & d'autre d'un Théâtre, on seroit le maître, suivant M. Noverre, de donner plus de largeur aux chassis de décorations, & de diminuer conséquemment leur nombre, ce qui simplifieroit les changemens : une décoration composée d'un fond & de trois chassis paroîtroit alors plus variée qu'une de huit chassis : on y représenteroit aisément des échappées, de beaux percés, des points de perspective angulaires, qui, employés avec art, offrent d'ordinaire des effets si piquans, si séduisans : les Machinistes & les Décorateurs pourroient donner carriere à leur imagination, & on parviendroit ainsi à augmenter le prestige & l'illusion ; toutes choses qu'il sera toujours impossible d'espérer d'une multitude de chassis étroits, pressés les uns contre les autres, & qui sont, ainsi que les ciels & les plafonds, sans cesse embarrassés dans leur mouvement.

De la maniere d'éclairer les Spectacles.

La plupart de ceux qui fréquentent les Spectacles, savent combien le mélange des portans de lumiere, avec les chassis des décorations & les toiles suspendues en l'air pour former les ciels ou les plafonds, est sujet à inconvéniens, tant à cause du voisinage de ces matieres combustibles, que de leur mobilité presque continuelle qui occasionne souvent des flots d'huile sur les habits des Acteurs. Aussi se passe-t-il peu de semaines sans qu'il arrive quelques brûlures particulieres à des parties de décorations; accidens que l'on regarde comme de peu de conséquence, & auxquels on remédie à la vérité aisément, soit à l'aide de grosses éponges imbibées d'eau & attachées à de longs bâtons, soit à l'aide de longues séringues comme en Allemagne. Mais, pourquoi faire dépendre sans cesse aussi légérement la sûreté publique de la négligence ou de la mal-adresse d'un ouvrier? Et pourquoi ne s'attacheroit-on pas, si cela se peut, à prévenir ces petits événemens presque journaliers, en éloignant des décorations les portans de lumiere? Depuis le grand usage des réverberes, qui ont le double avantage d'augmenter le volume de la la lumiere & de pouvoir la diriger au loin à volonté, il est étonnant que l'on ait négligé jusqu'ici de les employer à éclairer la scène des théâtres (1); il ne faudroit pour cela que placer ces réverberes *f*, *Fig. VII & VIII*, de droite & de gauche, sur les murs du fond des coulisses, d'où, à l'aide d'un chassis vertical porté sur pivot, on réussiroit à frapper de leur lumiere les décorations, non-seulement en évitant les risques du feu, mais encore de maniere à leur donner une espece de vie qui leur manque le plus souvent malgré l'observation exacte de la perspective. Combien n'augmenteroit-on pas par ce moyen l'illusion, soit en envoyant la lumiere de préférence sur certaines parties de la scène, soit en en privant d'autres : tantôt on affoibliroit la vivacité des couleurs pour produire une douceur & un accord capable de flatter délicieusement les yeux du Spectateur; tantôt on jetteroit sur le Théâtre, & l'on transporteroit sur les décorations ces effets piquans de

(1) Dans le premier *Mercure de Juillet* de l'année derniere, nous avons déja publié une partie de ces Observations sur l'avantage d'employer les réverberes pour éclairer les Théâtres.

clair-obscur, ces oppositions de lumieres & d'ombres qui charment dans les tableaux des grands Maîtres. Ce n'est que par de pareils contrastes qu'on n'obtiendra jamais de la maniere froide & monotone, dont on éclaire actuellement les Théâtres, que l'on parviendra sans doute à augmenter le prestige & le plaisir que l'on goûte aux représentations dramatiques.

Il y a plus, nous croyons que l'on viendroit également à bout par le moyen des réverberes, de se passer du cordon de lampions placé sur le devant du Théâtre pour éclairer la scène. On sait combien il est incommode, qu'il blesse les yeux des Spectateurs qui sont dans les loges, à l'amphithéâtre, & sur-tout aux balcons; qu'il éblouit par sa position les Acteurs; qu'il remplit sans cesse la Salle de fumée, laquelle, non-seulement noircit en peu de tems ses ornemens & les peintures de son plafond, mais aussi occasionne une espece de brouillard intermédiaire entre les Acteurs & les Spectateurs. « Rien de si faux, a-t-on remarqué depuis » peu, que le jour qui frappe le corps de haut en » bas : il défigure l'Acteur, il fait grimacer tous » ses traits; & en renversant l'ordre des ombres » & des clairs, il démonte, pour ainsi dire, » toute la physionomie, & la prive de son jeu

» & de ſon expreſſion : elle eſt diamétralement » opposée aux loix de la nature » (1).

C'eſt pourquoi une ſemblable réforme ne ſauroit être que très-utile : en jettant les yeux ſur notre diſtribution, on verra qu'il ſeroit aiſé d'y ſuppléer : il n'y auroit qu'à placer de part & d'autre de la largeur de la Salle, près de l'avant-ſcène, trois réverberes *d*, *Fig. VII & VIII*, au bout de la ceinture des deuxieme, troiſieme & quatrieme étages de loges, leſquels pourroient diriger delà avantageuſement leur lumiere, & embraſſer par leurs rayons la totalité de la largeur & hauteur du *Proſcenium* : par ce moyen, les objets ſcéniques, au lieu de ſe trouver éclairés ridiculement de bas en haut, le ſeroient de haut en bas comme par le ſoleil, ce qui paroîtroit plus naturel.

Il faut obſerver que, vu la poſition de ces réverberes derriere les extrémités de la ceinture des loges, les Spectateurs n'en ſeroient aucunement incommodés ; à peine les appercevroient-ils ; ils jouiroient ſeulement de leur clarté ſans les voir ; on les allumeroit par le corridor, & rien n'empêcheroit de diriger leur fumée à l'aide d'un petit

(1) *Obſervations ſur la conſtruction d'une nouvelle Salle de l'Opéra.*

tuyau commun de fer-blanc jusqu'au-dessus du plafond de la Salle : nos dessins rendent ce que nous venons de dire si palpable, qu'il seroit superflu de s'y arrêter davantage.

Enfin, si l'on vouloit, on parviendroit aussi à se passer de lustres pour éclairer une Salle, lesquels ne sont pas moins incommodes que le cordon de lampions ci-dessus. Il ne s'agiroit pour cela que de placer encore un grand réverbere *x*, *Fig. VIII*, au milieu du plafond, au-dessous du trou destiné à renouveller l'air pendant les entr'actes. Ce réverbere consisteroit en un large couvercle bien étamé en argent, d'environ trois pieds de diametre, terminé en-dessous par un bocal de verre de forme conique, au milieu duquel seroit suspendue une lampe avec plusieurs grosses mèches, dont la lumiere frappant sur la surface polie & brillante du couvercle, éclaireroit par réflexion toute la Salle & y répandroit une clarté douce & suave, laquelle contrasteroit avec celle de la scène qui seroit vive & piquante. Nous ne doutons pas que, si l'on faisoit l'essai de ces différens moyens d'éclairer les Théâtres par des réverberes, on n'y trouvât à tous égards, & même pour l'économie, de grands avantages sur ceux usités.

Des acceſſoires & accompagnemens d'une Salle de Spectacles.

Ce ſeroit ſortir de notre ſujet que de traiter de la diſtribution générale de toutes les parties néceſſaires à un Théâtre moderne, du ſtyle de ſa décoration extérieure, de ſes divers accompagnemens & dégagemens, parce que ce n'eſt pas là ce qu'entendent le moins les Architectes. On ſait qu'il faut un grand veſtibule qui précede la Salle & qui conduiſe aux eſcaliers des loges, un foyer public, peu d'entrées, mais beaucoup de ſorties, attendu que l'on arrive au Spectacle l'un après l'autre, & que tout le monde veut en ſortir à la fois ; qu'il faut des loges pour habiller les Acteurs, de vaſtes atteliers ou magaſins pour ſerrer & peindre les décorations, un Café, un Corps-de-Garde, des privés, un logement pour le Concierge, des Bureaux, une Salle d'aſſemblée pour les Directeurs ; qu'il ne faut pas enfin oublier d'y diſtribuer avantageuſement des réſervoirs d'eau pour arrêter les progrès du feu en cas d'événement.

Outre qu'il eſt aiſé de prendre une idée de la diſpoſition reſpective de la plupart de ces objets acceſſoires dans les différens plans de Théâtres que nous avons rapportés en parallele, on peut remarquer que leur distribution ne sauroit être uniforme, & dépend le plus souvent du local dont un Architecte est rarement le maître, tandis qu'il l'est toujours de l'ordonnance d'une Salle ou de sa disposition intérieure; & s'il erre dans cette détermination, c'est d'ordinaire par ignorance des vrais principes que nous nous sommes attachés à développer dans cet Ouvrage.

Nous ne répéterons pas non plus combien il seroit à souhaiter que ces sortes de bâtimens fussent toujours précédés d'une place pour faciliter l'abord des voitures, & sur-tout isolés, à cause des accidens de feu auxquels ils sont plus sujets que d'autres, vu qu'ils rassemblent plus de matieres combustibles dans leur exécution; qu'ils fussent aussi environnés de portiques où l'on pût, soit descendre en voiture, soit y monter dans les mauvais tems; & qu'enfin il y eût jusqu'à des barrieres ou des trottoirs le long des rues adjacentes, pour mettre les gens de pied en sûreté, soit en sortant du Spectacle, soit en y allant.

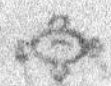

Suite de la Description des Figures VII, VIII & IX de la Planche I.

Reprenons de fil de l'application de la figure elliptique à l'ordonnance d'une Salle de Spectacles, que nous avons été obligés d'interrompre par les observations successives que nous avons faites sur la perfection des diverses parties qui doivent entrer dans sa composition.

La courbe elliptique étant tracée, l'ouverture du Théâtre & la situation du *Proscenium* ayant été déterminées, suivant les rapports que nous avons établis, nous avons décrit la ceinture des loges, *Fig. VII*, en maniere de balcons continus, par une nouvelle ellipse en-deçà de la précédente d'environ quatre pieds; & pour favoriser les places du fond des loges latérales, nous avons dirigé leur séparation à hauteur d'appui vers la scène, à-peu-près suivant le procédé employé au Théâtre de Turin, *Fig. XV*, par des portions de cercle concentriques *a c*, *Fig. VII*, dont le centre A est au fond de la loge du milieu; & comme ces séparations forment, par leur rencontre avec la ceinture des loges *b* & le mur du fond *a*, des angles aigus qui seroient capables de préjudicier à l'harmonie, nous les avons convertis en angle droit, en tirant aussi du point A des lignes A *a*, A *b*.

On voit par l'inspection des *Figures VIII & IX*, qui représentent deux profils d'une Salle, l'un suivant sa longueur, l'autre suivant sa largeur, que nous avons borné les rangs de loges à quatre; & nous pensons qu'il ne faudroit point outrepasser ce nombre, non-seulement afin de ne pas rendre trop plongeante la vue de ceux qui seroient placés au dernier étage supérieur près le Théâtre, mais encore afin de ne point donner trop d'élévation au grand plafond, & de lui conserver, principalement vers le fond de la Salle, l'avantage des renvois dans toute leur plénitude.

Suivant nos dessins, le premier rang seroit élevé à 10 pieds au-dessus du milieu du parquet, à cause du balcon *e* avec une balustrade en fer que nous admettons au-devant, & il y auroit ensuite 8 pieds & demi de hauteur entre chaque étage de loges, ce qui produiroit en totalité 43 pieds jusqu'à la corniche servant de cadre au plafond.

Les planchers des loges seroient terminés par dessous en maniere de voussure elliptique, tellement que les rayons de la voix F *z*, *Fig. VIII*, par leur rencontre z, pussent être renvoyés par les angles d'incidence & de réflection en *p* & *q* vers la colonne sonore GG.

Suivant nos dimensions, quand les Spectateurs seroient assis dans chaque balcon, il resteroit au moins trois pieds au-dessus de la tête de ceux placés dans le fond ; lesquels étant joints avec le développement de la voussure de son plafond & de sa ceinture, offriroient à-peu-près neuf pieds de surface propres à réfléchir le son ; ainsi la masse absorbante des Auditeurs placés dans les loges n'occuperoit gueres plus du quart de la hauteur de la Salle ; & comme, suivant notre arrangement, leurs plafonds se trouveroient liés par des formes acoustiques avec les ceintures & le mur adossé, il est évident que cette disposition, bien loin de diviser le son à l'ordinaire, concoureroit avec l'ordonnance de la Salle à augmenter son harmonie.

Tous les murs pourtours des loges seroient bâtis en maçonnerie, pour pouvoir voûter leurs corridors en briques, & les rendre propres à servir de retraite à ceux qui les occuperoient en cas d'événement du feu. Ils seroient lambrissés du côté des loges, de bois mince de menuiserie bien assemblé, & isolé d'environ un pouce, afin d'augmenter à l'aide de ce vuide l'effet du son.

L'orcheſtre L a 7 pieds de large ; ſon plancher eſt aſſemblé comme un parquet avec une voûte renverſée ſous toute l'étendue ; laquelle voûte eſt iſolée, faite en menuiſerie & arrondie à ſes extrémités, avec de part & d'autre un tuyau de bois, dont le bout *u* correſpondroit ſur l'avant-ſcene. Les *Figures VII & VIII* font voir, l'une en plan & l'autre en profil, cette diſpoſition qui eſt imitée de pluſieurs Théâtres d'Italie. Au lieu de pratiquer ſur le bord du *Proſcenium* un trou pour le ſouffleur, lequel, par ſa poſition uſitée, inquiete les Acteurs, & gêne le devant du Théâtre, nous croyons qu'il vaudroit mieux le placer en Q dans l'orcheſtre.

On ſeroit aſſis au parterre, & l'on y entreroit par deux portes oppoſées *l*, *Fig. VIII*, ouvrantes en-dehors, & placées près de l'orcheſtre ; & à côté de chacune, il y auroit encore une autre porte *m* pour faciliter la prompte ſortie d'un lieu auſſi fréquenté, ſoit à la fin du Spectacle, ſoit en cas d'événement.

Le plafond, *Fig. VIII & IX*, eſt élevé de 48 pieds au-deſſus du ſol du parquet, & terminé par une corniche ornée de peu de moulures qui lui ſerviroit comme de cadre : il ſeroit exécuté en bois de menuiſerie, & diſtant d'environ un pied du plancher ſupérieur, de maniere à laiſſer un vuide entr'eux, fermé aussi exactement que celui d'un tambour dans tout son pourtour. Sa figure offre une espece de calotte sphéroïdale, depuis le fond de la Salle jusques vers la colonne sonore GG, & depuis cet endroit jusqu'à l'avant-scène, une portion de courbe elliptique de 5 pieds de montée au plus, dont le principal centre est à-peu-près au niveau du parquet. Par cette disposition, les rayons du son *Fu*, dirigés vers la portion de calotte sphéroïdale, & ceux qui rencontreroient le milieu de la courbe elliptique, feroient réfléchis de concert vers la colonne sonore à différentes hauteurs *q*, *r*, *s*, *t*, à cause de l'égalité des angles d'incidence & de réflexion; & à l'égard des autres renvois de part & d'autre de la courbe elliptique, en approchant de sa naissance, ceux qui ne refléchiroient pas vers G G directement, feroient néanmoins renvoyés à cause de l'obliquité de leur incidence, vers le fond de la Salle, ou vers la ligne diamétrale qui la traverse suivant sa longueur. Cette disposition, comme nous l'avons remarqué, est celle du plafond de la Salle de Turin, & produiroit également un heureux succès, sur-tout en ayant soin de n'y pratiquer aucune loge, aucun renfoncement ou aucun trou capable de faire tort à l'harmonie & au soutien de la voix.

Il reste à justifier que les rapports que nous avons assignés entre la largeur de la Salle, la plus grande élévation des loges & l'ouverture du Théâtre, procureroient l'avantage d'appercevoir les objets scéniques, même des places supérieures voisines de la scène, sous un angle de vue qui les rendroit encore agréable. Nous avons donné 36 pieds de largeur à l'ouverture du Théâtre qui est celle de l'ancien Théâtre de l'Opéra de Paris; & comme nos loges supérieures élevées au-dessus du plancher de la scène n'excedent pas cette élévation, il résulte, par ce que nous avons dit *page* 32 *Fig. III*, quand nous avons résolu cette question en général, que, suivant nos dimensions, l'action théâtrale pourroit être apperçue de ces places supérieures réputées pour les plus défavorables d'un Spectacle, sous un angle d'environ 40 degrés, c'est-à-dire, de maniere à n'être point défigurée par les raccourcis.

Aux extrémités des ceintures des deuxieme, troisieme & quatrieme rangs de loges *d*, *Fig. VII & VII*, il y a un petit intervalle où l'on placeroit avantageusement les réverberes destinés à remplacer le cordon de lampions incommode que l'on met d'ordinaire sur le bord du Théâtre; lesquels réverberes, par la divergence de leurs rayons lumineux, embrasseroient aisément toute la hauteur & la largeur de l'avant-scène jusqu'au premier chassis de chaque côté.

Les autres réverberes *f*, servant à éclairer particuliérement les décorations, à la place des portants de lumiere usités, seroient placés sur des chassis mouvans sur pivot, afin de diriger leur clarté à volonté vers les différens objets de la scène.

Le grand réverbere *x*, situé au milieu de la Salle, est destiné à suppléer aux lustres ordinaires; il est placé au-dessous du trou qui en renouvelleroit l'air pendant les entr'actes & les ballets.

Au-dessus du *proscenium*, il y auroit un mur en briques *y*, *Fig. VIII*, élevé de toute la hauteur du comble, lequel serviroit à intercepter toute communication entre la charpente de la Salle & celle du Théâtre; précaution qui, conjointement avec les corridors voûtés, suspendroit l'activité du feu, & donneroit au besoin le tems de sortir du Spectacle.

En récapitulant les mesures produites par les rapports que nous avons établis d'après la portée ordinaire de la vue & de la voix, notre Salle a 54 pieds de largeur & autant de longueur: sa hauteur totale au milieu du parquet est 48 pieds; l'élévation de chaque étage de loges est 8 pieds

& demi ; la montée de la courbe du plafond est 5 pieds ; l'ouverture du Théâtre est 36 pieds en quarré ; la profondeur de l'avant-scène est 8 pieds ; les places supérieures en face de la scène en seroient distantes d'environ 65 pieds, & les places latérales les plus élevées ne seroient qu'à 34 pieds au-dessus de son plancher.

Toutes ces mesures au surplus ne sont point invariables, & peuvent changer proportionnellement, à raison de la longueur du grand diametre de l'ellipse que l'on voudroit donner à une Salle ; car c'est toujours cette longueur qui doit servir de base à tous ses rapports. Il est à observer que, dans l'exemple proposé, nous avons pris pour terme la portée des organes, à laide desquels on jouit des Spectacles, & qu'ainsi nous avons à-peu-près déterminé la plus grande étendue qu'il convient de donner à ces sortes d'édifices ; c'est pourquoi il faudroit plutôt restraindre en exécution les dimensions en question, que d'entreprendre de les augmenter (1).

(1) Par comparaison avec l'ancienne Salle de l'Opéra de Paris, notre projet, à l'exception de l'ouverture du Théâtre qui est la même, auroit 5 à 6 pieds de plus de longueur, de largeur & de hauteur.

CONCLUSION.

Si l'on s'est rendu attentif à la maniere dont nous avons procédé dans la recherche de l'ordonnance la plus avantageuse à un Théâtre, on a dû s'appercevoir que c'est à la Géométrie, aux expériences de Physique & aux principes de la vision & de l'ouie mis en figures, que nous sommes redevables de cette détermination; que nous n'avons adopté la courbe elliptique qu'après avoir établi, avec une évidence à laquelle il n'étoit pas permis de se refuser, sa supériorité marquée sur toutes les autres en cette circonstance, pour favoriser les yeux & les oreilles; & que le tout dépendoit de l'assujettir à certains rapports constans, après avoir fixé son grand diametre ou la longueur de la Salle, pour parvenir à déterminer ensuite sa largeur, sa hauteur, l'ouverture du Théâtre, & la place de l'avant scène. On a dû encore remarquer que nous avons affecté de rappeller continuellement cette courbe elliptique, afin de conserver de toutes parts la direction des renvois vers les Auditeurs; & que, relativement aux observations sur ce qui pouvoit contribuer à faire valoir la voix, nous n'avons cessé de faire sentir l'importance d'investir son pourtour de matieres sonores, & d'éviter soigneusement les corps absorbans, les renfoncemens, les ressauts, les poteaux, & tout ce qui étoit capable de mettre obstacle à sa netteté, à sa plénitude, à son harmonie.

Par conséquent, une Salle de Spectacles, exécutée suivant nos principes, ne pourroit manquer de réunir tous les avantages cherchés ; & de même que les Anciens avoient des regles pour l'ordonnance de leurs Théâtres, analogues à leurs usages & à la grande étendue qu'ils y desiroient, peut-être seroit-il également possible d'en établir pour les nôtres, desquelles il ne seroit pas libre de se départir, sans blesser à la fois la raison, nos étiquettes, les loix de la Physique, & sur-tout sans préjudicier au but principal de la destination de ces sortes d'édifices. Notre intention est de mettre sur la voie pour y réussir, & si nos réflexions peuvent y contribuer, nous aurons rempli l'objet de cet ouvrage.

FIN.

TABLE DES MATIERES.

ERRATA.

Pages	lignes		
6,	7,	*Accoustique.*	lisez *Acoustique.*
20,	1,	demi-circulaire ?	*lisez* circulaire ?
66,	7,	quarré ;	*lisez* en quarrés ;
115,	13,	cette Salle,	*lisez* ce Théâtre.
117,	24,	principes *Fig. V.*	*lisez* principes & de la *Fig. V.*
164,	21,	FI,	FT,

Avis au Relieur.

Les trois planches doivent être placées à la fin de l'Ouvrage.

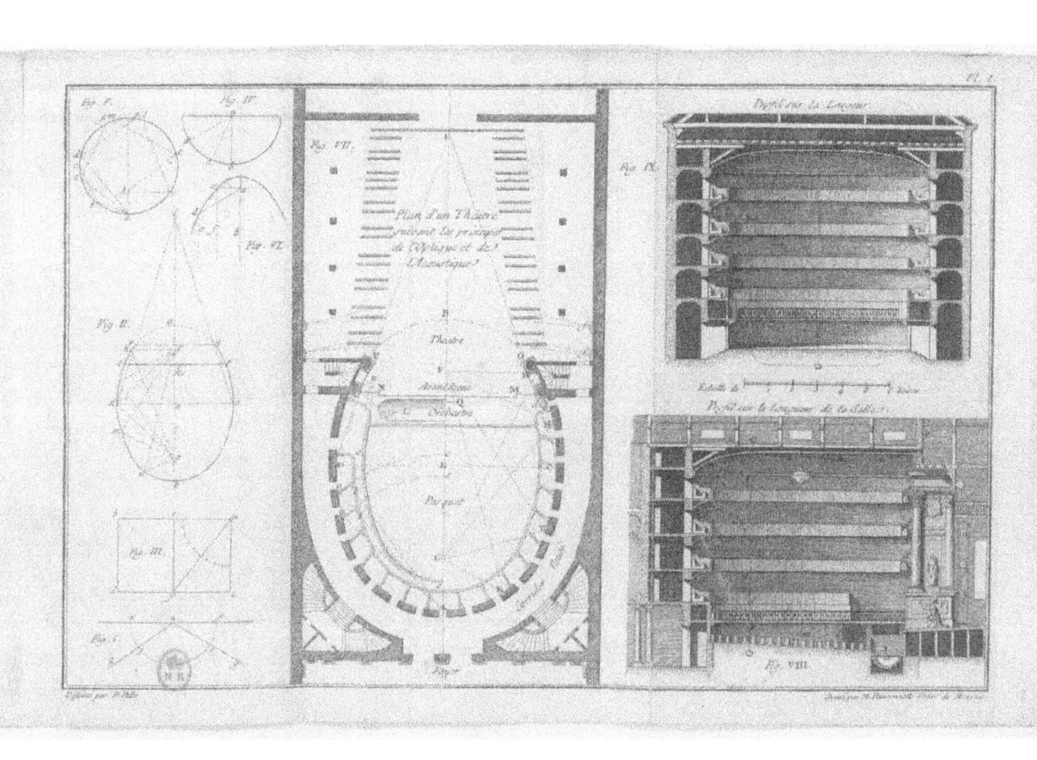

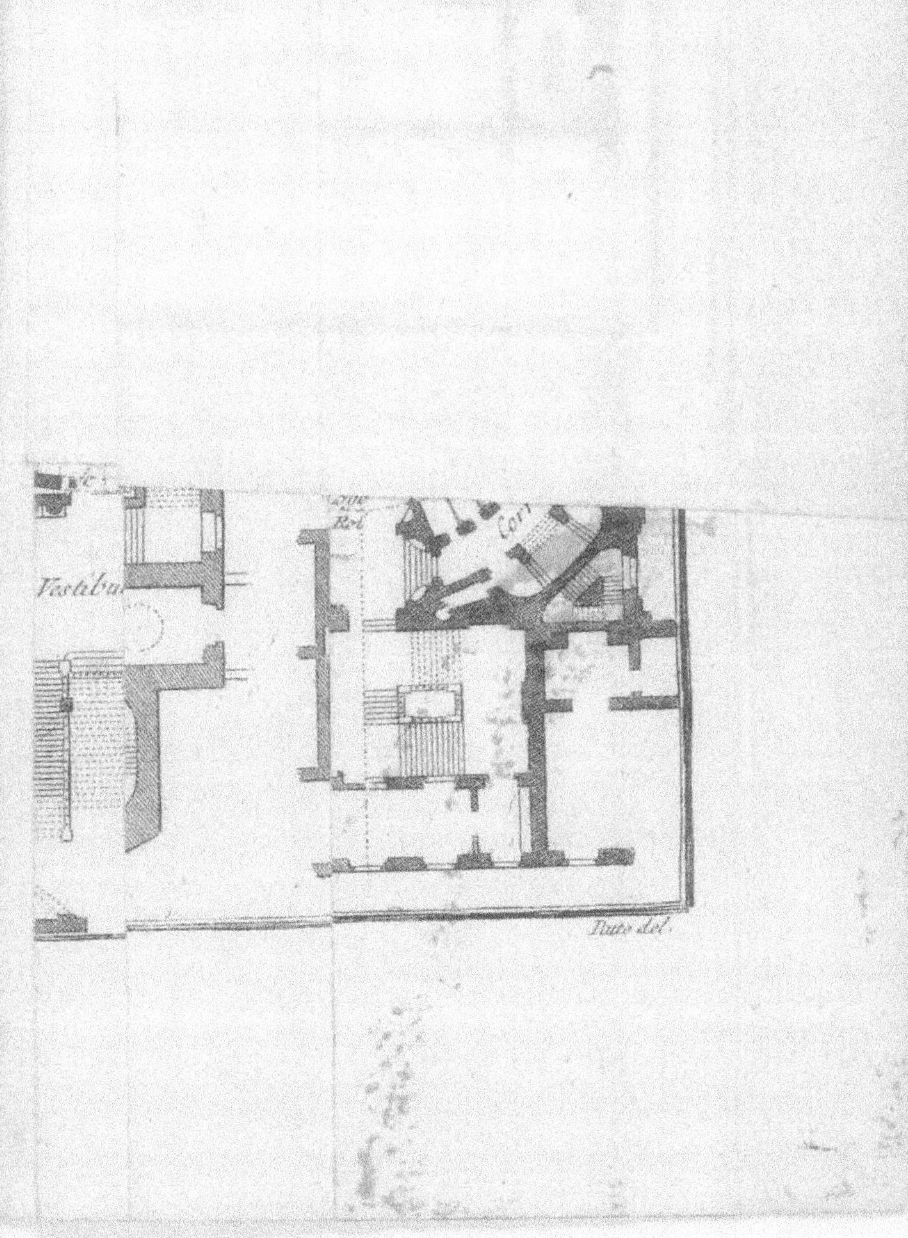
Vestibu
Corr
Rol
Pinto del.

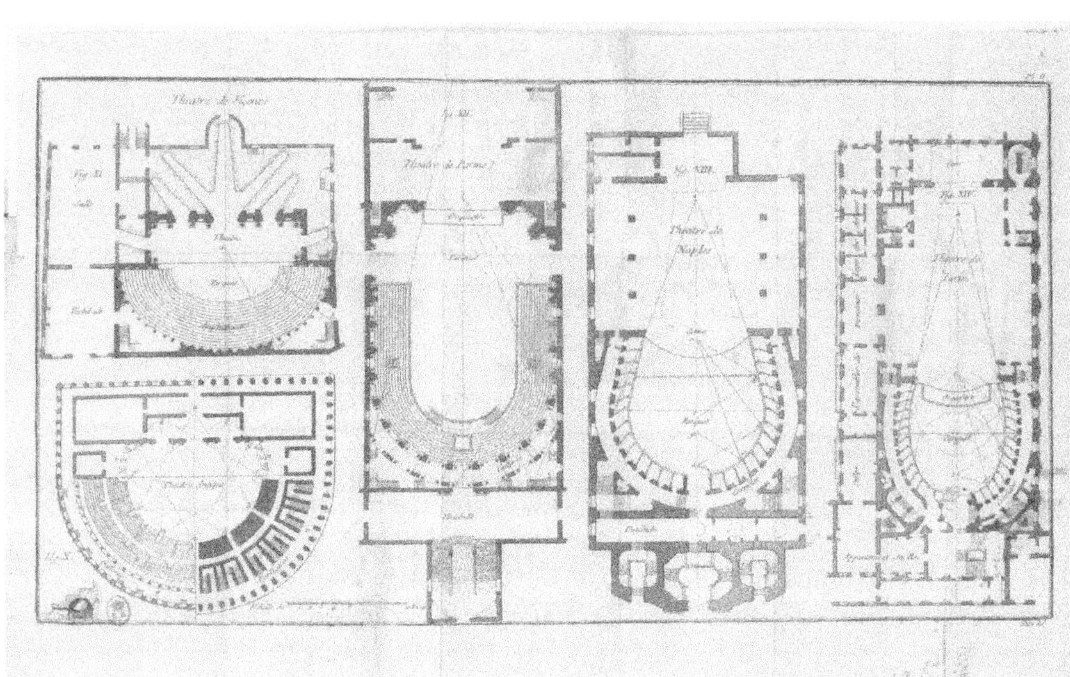
Fig. XIII
Theatre de
Naples
Fig. XIV

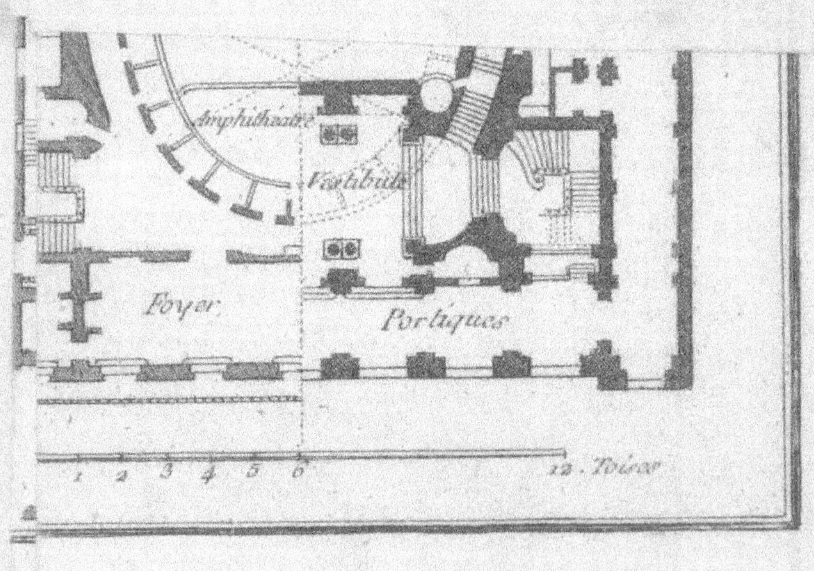
Amphithéâtre
Vestibule
Foyer
Portiques
1 2 3 4 5 6
12. Toises

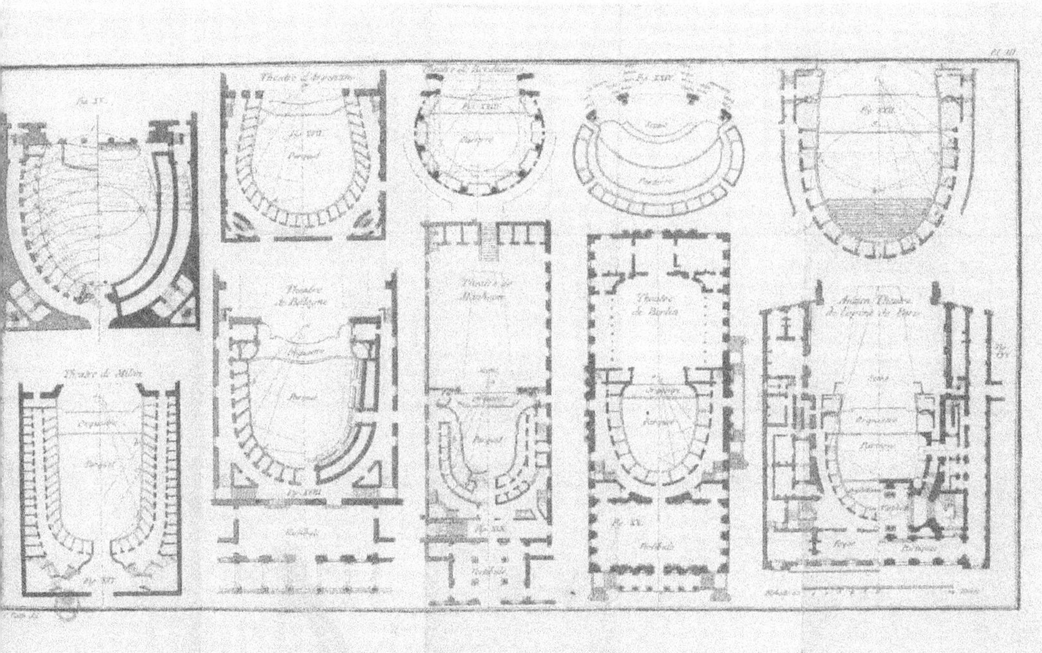
Pl. III
Theatre de Milan
Parquet
Theatre de Berlin
Parquet
Vestibule

APPROBATION.

J'ai lu, par ordre de Monseigneur le Garde des Sceaux, un Manuscrit ayant pour titre : *Essai sur l'Architecture Théatrale ; ou de l'Ordonnance la plus avantageuse à une Salle de Spectacles, pour réussir à y bien voir & à y bien entendre*, & je n'y ai rien trouvé qui m'ait paru devoir en empêcher l'impression. A Paris, le 6 Novembre 1781

Signé, Perrard de Montreuil.

PRIVILEGE DU ROI.

Louis, par la grace de Dieu, Roi de France et de Navarre : à nos amés & féaux Conseillers, les Gens tenans nos Cours de Parlement, Maîtres des Requêtes ordinaires de notre Hôtel, Grand-Conseil, Prévôt de Paris, Baillifs, Sénéchaux, leurs Lieutenants-Civils, & autres nos Justiciers qu'il appartiendra; Salut : Notre bien amé le sieur Patte, Architecte, Nous a fait exposer qu'il désireroit faire imprimer & donner au Public un *Essai sur l'Architecture Théatrale* ; ou *de l'Ordonnance la plus avantageuse à une Salle de Spectacles*, &c. s'il Nous plaisoit lui accorder nos Lettres de Permission pour ce nécessaires. A ces causes, voulant favorablement traiter l'Exposant, Nous lui avons permis & permettons par ces Présentes de faire imprimer ledit Ouvrage autant de fois que bon lui semblera, & de le faire vendre, & débiter par tout notre Royaume, pendant le temps de cinq années consécutives, à compter du jour de la date des Présentes. Faisons défenses à tous Imprimeurs, Libraires & autres personnes, de quelque qualité & condition qu'elles soient, d'en introduire d'impression étrangere dans aucun lieu de notre obéissance. A la charge que ces Présentes seront enregistrées tout au long sur le Registre de la Communauté des Libraires & Imprimeurs de Paris dans trois mois de la date d'icelles ; que l'impression dudit Ouvrage sera faite dans notre Royaume & non ailleurs, en bon papier & beaux caracteres, l'impétrant se conformant en tout aux Réglemens de la Librairie, & notamment à celui du 10 Avril 1725, & à l'Arrêt de notre Conseil du 30 Août 1777, à peine de déchéance de la présente Permission ; qu'avant de l'exposer en vente, le Manuscrit qui aura servi de copie à l'impression dudit Ouvrage, sera remis dans le même état où l'Approbation y aura été donnée, ès mains de notre très-cher & féal Chevalier, Garde des Sceaux de France, le sieur HUE DE MIROMÉNIL, Commandeur de nos Ordres ; qu'il en sera ensuite remis deux Exemplaires dans notre Bibliotheque publique, un dans celle de notre Château du Louvre, un dans celle de notre très-cher & féal Chevalier Chancelier de France, le Sieur DE MAUPEOU, & un dans celle dudit Sieur HUE DE MIROMENIL ; le tout à peine de nullité des Présentes : Du contenu desquelles vous mandons & enjoignons de faire jouir ledit Exposant & ses hoirs, pleinement & paisiblement, sans souffrir qu'il leur soit fait aucun trouble ou empêchement. Voulons qu'à la copie des Présentes, qui sera imprimée tout au long au commencement ou à la fin dudit Ouvrage, foi soit ajoutée comme à l'original. Commandons au premier notre Huissier ou Sergent, sur ce requis, de faire, pour l'exécution d'icelles, tous actes requis & nécessaires, sans demander autre permission, & nonobstant clameur de Haro, Charte normande, & Lettres à ce contraires : Car tel est notre plaisir. Donné à Paris, le treizieme jour du mois de Mars, l'an de grace mil sept cent quatre-vingt-deux, & de notre Regne le huitieme.

Par le Roi en son Conseil, LE BEGUE.

Registré sur le Registre XXI de la Chambre Royale & Syndicale des Libraires & Imprimeurs de Paris, N°. 2519, fol. 650, conformément aux dispositions énoncées dans la présente Permission ; & à la charge de remettre à ladite Chambre les huit Exemplaires prescrits par l'article CVIII du Réglement de 1723. A Paris, ce 16 Mars 1782.

GUEFFIER, *Adjoint.*

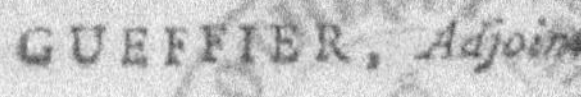

www.ingramcontent.com/pod-product-compliance
Ingram Content Group UK Ltd.
Pitfield, Milton Keynes, MK11 3LW, UK
UKHW022055260726
13993UKWH00001B/135

9 782329 243283